錢穆史學導論

兩岸三地傳承

周佳榮　著

中華書局

目錄

序

這本書的撰著，緣起於新亞研究所主辦「誠明講堂」，邀我於二〇一六年九月至十月間，作「錢穆史學導論四講」。這並非容易處理的課題，一則錢穆先生著作宏富，貫串中國幾千年的歷史文化；二則香港學界前輩眾多，我向來不在錢穆研究專家之列。由於盛情難卻，後來還是應承了，原因有三：首先，我畢業於新亞書院歷史系，錢穆先生的著作算是看過不少；其次，我有多位老師是錢門弟子，他們時常講述錢穆先生的事跡和見解；再者，錢穆先生晚年幾次來港，我都有機會藉領教益。距離雖然遠了一點，倒是認識得比較清晰的。

一九六九年我投考香港中文大學的時候，崇基學院、新亞書院、聯合書院都發信安排我去面試，結果我選了新亞書院歷史系，原因是入學時只需繳交一個月學費和一個月按金，當時我家境貧困，崇基學院和聯合書院都要繳交半年學費和一個月按金，我實在負擔不起。後來得悉這是錢穆先生定下來的德政，他說新亞書院以窮學生居多，逐個月交學費較適宜，至今我還心存感激。

三十多年來，我一直在香港浸會大學歷史系任教，包括中國歷史通論和專題、北宋史、明史、近三百年學術史、近代思想史和文化史等，涉獵稍廣。在大學講課較重視研究，不妨稱之為「院校史學」；與此同時，我常應邀到書店、博物館等公共場所演講，對象不同，較為注意深入淺出和引起聽眾對歷史文化的興趣，用梁啟超的說法，這叫做「民間史學」。其實院校史學與民間史學並無矛盾，只是內容程度和表達方法有異而已；把兩者結合起來，就接近「文化史學」了。我常樂此不倦，遊走於大專院校和文化場所之間，日子久了，似乎成為我自己的一套治史方式。我一直認為，研究歷史是很寂寞的工作，往往要關起門來或鑽進圖書館才做得專注，討論學問則宜開放，經常找些志同道合的人切磋；如果要把研究得來的學問知識傳揚開去，撰寫普及性質的著作是一個途徑，多在公共文化場所發表講話，也是史學工作者份內的事情。

本書編排，大致按照錢穆史學著作出版的先後次序，分為九章，從錢穆的少年時代講起，直至晚年為止，重點是在北京大學任教時期至來香港創辦新亞書院的經過，書名副題原擬定為「從北大到新亞」，後來覺得「兩岸三地傳承」較為貼切，更能凸顯錢穆史學的氣象。有一點必須指出，就是研究錢穆史學不但要看他的著作，還要把他的見解與近代中國時代變遷以及錢穆個人的文化活動結合起來，只有這樣，才可以較貼切地了解錢穆的治史精神。

如上所述，我對錢穆先生的認識，並非純粹的學術鑽研的結果，而是概括地把歷史文化與時代變遷綜合起來加以考察，但段落式的痕跡仍明顯可見。不揣謭陋，拋磚引玉，難免有很多未盡妥善之處，敬請專家學者見諒。

周佳榮　謹識

二〇一七年四月十六日

第一篇　從小學教師到北大教授

——趁青春，結隊向前行

錢穆（一八九五—一九九〇年）是二十世紀中國著名歷史學家，十八歲時家貧輟學，矢志自修，擔任小學教師十年、中學教師八年，其間努力撰述，而以〈劉向歆父子年譜〉一文引起學界注意。三十七歲時起任教燕京大學、北京大學，並在清華大學兼課，備受學生歡迎。一九三五年出版《先秦諸子繫年》，一九三七年出版《中國近三百年學術史》，奠定了他在學界的地位，這兩本巨著的成就和影響是很深遠的。教學工作與學術研究齊頭並進，是錢穆人生的第一個階段。經過三十年的艱苦奮鬥，終於成為一個散發光芒的年輕歷史學家。

錢穆自少年時代開始，即廣泛閱讀中國古籍，尤愛唐宋韓柳及清代桐城派古文，其間漸趨於學術研究。壯年以後，乃集中於向史學領域發展。早期成績偏在考證工夫，中年起以通識性論著為重，涉獵範圍包括政治、地理、社會、經濟各方面，而學術思想一直為貫串歷代演變的主要脈絡。

錢穆生於清朝在甲午一役中戰敗、與日本簽訂《馬關條約》之年，此後的中國，經歷了戊戌變法、八國聯軍之役，辛亥革命爆發，在民國建立後，復有軍閥混戰、北伐戰爭，至一九三〇年代，更面臨日本一連串侵華舉動，與此同時是中國全民艱苦的抗日戰爭。

錢穆撰詞的《新亞校歌》第三段：「手空空，無一物，路遙遙，無止境。亂離中，流浪裏，餓我體膚勞我精。艱險我奮進，困乏我多情，千斤擔子兩肩挑，趁青春，結隊向前行。……」可以說是這個階段的寫照。

第一章　青少年時代：讀書和教學經驗

錢穆幼時在祖父和父親的熏陶下成長，小學及中學接受新式教育，其後輾轉在幾間中小學任教，長達十八年之久。他本着自學精神，不斷地堅持讀書治學，終於揚名學界，成為大學教授。錢穆讀書時，受到一位老師呂思勉的啟迪；任教中小學期間，梁啟超著作對他的影響很大。

少年家境和讀書經驗

一八九五年（清朝光緒二十一年），錢穆出生於江蘇省無錫縣（今無錫市錫山區）的一個書香門第。他的祖父錢鞠如（一八三二—一八六八年），邑庠生（即本縣生員），通音韻之學，喜治五經和《史記》，錢穆愛讀《史記》，是受了祖父的影響。他的父親錢承沛（一八六六—一九〇六年），字季臣，讀書甚為用功，十六歲縣試名列第一，但其後三次考試都因染病而未成功，遂絕意仕途，以教書為生。錢穆出生時，他父母都是三十歲；他有一位兄長叫錢恩第（一八八九—一九二八年），當年六歲。錢穆原名恩鑅，後其兄改名摯，字聲一；他隨而改名穆，字賓四。

一九〇一年秋，錢穆七歲，入私塾，拜至聖先師孔子像。翌年舉家遷居蕩口鎮，訪得華姓名師，為錢穆講《史概節要》和《地球韻言》兩書，因師忽病不能坐塾，錢穆在家竟日閱讀小說，自此時開始有近視。晚間常在枕上竊聽父親為兄長講述《國朝先正事略》諸書，又聽講曾國藩的湘軍平定太平天國洪秀全、楊秀清史事，喜而不寐。

當時清廷號召興建新式學堂，無錫是最先響應的地方之一。一九〇四年，錢穆十歲，入新式果育小學讀初等一年級，該校有一批舊學根底很深而又知曉新學的教師，課程中西並重，使錢穆時有中西文化孰優孰劣之思，他又受到一位錢伯圭老師的啟發，自幼即抱民族觀念。二年級時，因作文優異，屢獲獎勵，兩度跳班升入四年級上課。據說有位老師獎勵錢穆一本《太平天國野史》，更加激發了他對史學的興趣；又有老師送他一本《修學篇》，內容講十位學者刻苦學習直至成才的故事。幾十年後，錢穆回憶說：「余自中學畢業後，未入大學，而有志苦學不倦，則受此書影響甚大。」【二】

進入高級班後，有位老師培養了錢穆研習歷史、輿地的興趣，並引導他閱讀韓愈的文章，使他認識「文以載道」的為學宗旨。在暑期講習班上，有位老師講授各體古文，由《尚書》至曾國藩，經、史、子、集無所不包。錢穆的父親於一九〇六年病逝，年僅四十一歲。第二年的冬天，錢穆與兄長一同考入常州府中學堂。

常州府中學堂的師生們

常州府中學堂監督（即校長）屠寬的父親是史學泰斗屠寄，尤專於蒙古史和元史；當時屠寬對錢穆愛護有加，曾允許他偕三數同學至其住宅，並進入屠寄的書房。錢穆雖未能親睹這位「太老師」的風采，但屠寄鑽研文史的治學氣度，單是從書房內的陳設和書桌上擺放的文稿，已深深打動了錢穆。屠寄（一八五六——一九二一年），字敬山，亦作敬三，號結一宧主人，江蘇武進人。一八九二年（光緒十八年）進士，入翰林院為庶吉士，升任工部主事，出任淳安知縣。後任黑龍江輿圖局總纂、京師大學堂教習，並在廣雅書院與繆荃孫同校《宋會要輯稿》。辛亥革命前夕回到常州，任武陽教育會會長等職；常州光復後，被推為武進縣民政長。民國初年致力於史學研究，撰《蒙兀兒史記》一百六十卷，未竟而卒，後由其子孝實、孝宧續成。此書糾正了《元史》中很多錯誤，對西北地理沿革考證尤為周詳。【三】

當時學校中有一位教歷史和地理的老師，他就是後來成為史學名家的呂思勉，錢穆從他那裏獲益良多，終生難忘。還有一位「道學先生」童伯章，在他的教導下，使錢穆知道傳統藝術可以熏陶道德人格，藝術修養是中國學術和教育之中，培養「綜合素質」所不能或缺的重要組成部分。當時錢穆學會了吹簫，直至七十歲後，仍然有此嗜好，成為生平一大樂事。

但到了四年級時，情況起了變化。錢穆作為學生代表之一，鬧了一次「小學潮」，要求學校廢除引起學生公憤的「修身課」，增設希臘文等課程。結果，錢穆和其他四個代表一齊被學校開除了（一說自動退學）。校長屠寬見錢穆是個讀書種子，安排他轉到南京鍾英中學繼續讀書。【三】在這裏，有必要對屠寬、呂思勉二人作些介紹。

屠寬的生平事跡

屠寬（一八八〇——一九一八年），字元博。一九〇二年東渡日本，入千葉專門醫學校讀書，其間參加了孫中山領導的中國同盟會，是一位具有革命思想的知識分子。一九〇五年回國後，籌建常州府中學堂，一九〇七年成為該校首任監督，奠定學校規模和編訂管理細則等。

屠寬辦學較嚴，學生一律在校寄宿，僅星期六可以回家，星期日晚上必須按時返校。正課之外增設遊藝部，開辦圖畫、歌詠、樂器、柔道、武術、拳術、標本、園藝、攝影、手工、篆刻、測量、演說和英語會話等，每科有輔導教師，使學生有較為豐富的課外活動。

當時全國正興起辦學堂的熱潮，屠寬鑑於常州小學教師甚少，於是在學堂內附設一班師範科，招收六十名年齡稍大、國文基礎較好的學生，授予新式課程，為期一年，成為常州最早培養出來的一批師範生。錢穆讀的是普通班，他兄長入師範班，一年畢業，就成為小學教師了。

一九一一年辛亥革命爆發後，屠寬領導全體師生二百餘人，為光復武進、成立新政府和維護地方安寧，竭力排除地方惡勢力和種種困難。翌年中華民國成立，常州府中學堂附設高等實業科和師範班，還派遣學生到日本留學，造就了一批人才。屠寬被選為民國第一任眾議院議員，於一九一三年北上參政，因拒絕賄選，寓居天津，不久，因急病去世。常州府中學堂的名稱後經幾番改易，現時是常州高級中學。【四】

呂思勉和他的史學著作

呂思勉（一八八四——一九五七年），字誠之，江蘇武進人。六歲入私塾，後隨父讀《四庫全書總目提要》，隨母讀《綱鑑易知錄》，其後自習史學。一九〇五年起擔任教職，一九〇七年在蘇州東吳大學及常州府中學堂任教。民國初年，呂思勉先後在中華書局和商務印書館任職。一九二五年，任私立上海滬江大學教授；翌年起至一九五〇年代初，主要在私立上海光華大學任教。後因院校調整，任華東師範大學教授。呂思勉對中國歷史的研究，包括古代史、斷代史、民族史、史學史等多個方向，於史學方法、史籍讀法等領域，亦有專深見地。著作甚豐，多達六百餘萬字。主要有：

一、兩種中國通史——一九二二年出版的《白話本國史》，是中國第一部用語體文寫成的、較具系統的中國通史；另有《中國通史》一種，是據大學授課講義於一九四〇年代前期修訂而成的。他以豐富的史識和流暢的筆調撰寫通史，開創了一個新紀元。

二、四部斷代史——《先秦史》、《秦漢史》、《兩晉南北朝史》、《隋唐五代史》。每種著作都分為兩部分，前半是敘述政治史的變革，後半是對該時代的社會文化作系統說明，而材料都是從正史中鈎稽出來的。

三、五部專史——《中國文字變遷考》、《說文解字文考》、《經子解題》、《先秦學術概論》、《中國民族史》。這些著作大多是一九二〇年代中至一九三〇年代中他在上海滬江大學任教時寫成的。

此外，還有《史通評》、《日俄戰爭》、《三國史話》、《歷史研究法》等。【五】一九八二年起，《呂思勉史學論著》次第出版，流傳甚廣，頗為普及。除史學外，其學術還涉及文字學、文學等多個領域。呂思勉一生注重綜合研究，講求融會貫通，錢穆治史是受到他的啟發的，方法和方向則有所異同。

走「自學」之路的小學教師

一九一二年，錢穆輟學家居，升學無望，矢志自修。後奉兄命，到秦家渠三兼小學任教；同年他參加《東方雜誌》徵文，獲三等獎。翌年轉到蕩口鎮私立鴻模學校，教國文和史地課；暑期後受聘於梅村鎮無錫縣第四高等小學，任教至一九一八年，再回到蕩口鎮鴻模學校，翌年轉任後宅鎮泰伯市立第一初級小學校長。學校規模很小，連錢穆在內只有三個教師。當時他二十五歲，受美國杜威思想的影響，很想通過與幼童接觸去改革教學方法，並考察白話文對幼童初學的利弊得失。其間得到康有為著《新學偽經考》石印本一冊，是他以後寫《劉向歆父子年譜》的張本。【六】

錢穆擔任小學教師期間，每天清晨讀經子艱難之書，夜晚讀史籍，中間上下午則讀閒雜書，並寫日記，逐日記錄所讀之書，不許有一日停止，如是者「朝夕讀書三年」，學問大進，同事譽為「博學」之人。一九一八年二十四歲時，寫成《論語文解》，是他的第一部書，郵寄上海商務印書館，獲接納出版。錢穆得了一百元商務購書券，購買了經史子集四部中所缺的書。一九二二年，辭去小學校長兼泰伯市立圖書館館長之職，轉至縣立第一高等小學任教，再轉赴福建省廈門集美學校任國文教師，這是他任教中學之始。

《論語文解》的體例

錢穆教《論語》時，適讀馬建忠《馬氏文通》，逐字逐句按條閱讀，不稍疏略。因念《馬氏文通》所詳論者字法，可仿其例論句法，遂即以《論語》為例，積年而成《論語文解》一書，主要以「起、承、轉、合」標明《論語》句法，供高小暨初中年級授課或自修之用。錢穆在〈序例〉中指出：「《論語》文簡淡切實，於古籍中較易指講，又為學者不可不讀之書。今學校既無讀經一科，故本編專引《論語》，俾學者非惟明斯文理致之大要，亦以稍窺經籍，以資修養之準。」

《論語文解》出版後，不曾重印，其後錢穆奔走南北，未能保有此書。晚年居台北，海外有藏其書者，持以相贈，始再復得。《錢賓四先生全集》編印時，以其為錢穆第一部著作，乃據原版進行整理，內容基本上不予改動。《馬氏文通》刊於一八九八年，是中國第一部有系統的語法專著，比照拉丁語法，從漢語事實中尋求漢語語法規則。錢穆的《論語文解》，亦可說是一種嶄新的嘗試。

勤奮寫書的中學教師

一九二三年秋，錢穆轉任無錫江蘇省立第三師範學校國文教師，直至一九三〇年，這幾年間他還自學日文。乘教學之便，著述頗勤。開《論語》課，就編成《論語要略》一書；講《孟子》，就編成《孟子要略》一書。一九二七年春，因國民革命軍北伐，學校停課，錢穆避居鄉間兩月，乃整理《先秦諸子繫年》積稿，已成卷帙。一九二八年春，完成《國學概論》；一九二九年完成《墨子》一書，一九三〇年完成《王守仁》（後易名《陽明學述要》）。他「學而不厭，誨人不倦」，終於因為有出色的學問，被招聘到京城的最高學府，成為大學教師。

錢穆自云勤於著述，實亦由於「窘困無以為活」，售稿於商務印書館，《墨子》七日而成，《王守仁》則於學校開課前旬日為之，又售《惠施公孫龍》舊稿以濟家困。在艱難情況下完成著作是一種歷練，造就了錢穆此後的學術成就。但並非所有著作都是這樣，有的書寫了十年八載，如《先秦諸子繫年》和《中國近三百年學術史》，是在北大教書時環境較好的情況下寫成的；也有初稿寫成一、二十年後，才修訂出版的，例如一九三〇年代在北大講授秦漢史的講義，到香港後，於一九五〇年代始以自印本形式面世。

《論語要略》和《孟子要略》

一九二三年起，錢穆得同族前輩錢基博的推薦，到無錫江蘇省立第三師範學校任國文教席，錢基博就是錢鍾書的父親。該校規定除國文正課外，分年兼授文字學、《論語》、《孟子》及國學概論。錢穆都撰有講義，但文字學講義已散失；《論語要略》於一九二四年成書，翌年由上海商務印書館出版；《孟子要略》於一九二五年成書，翌年由上海大華書局出版。另有《國學概論》一書，要到一九三〇年代初才刊行。

《論語要略》共有六章，依次為〈序說〉、〈孔子之事跡〉、〈孔子之日常生活〉、〈孔子人格之概觀〉、〈孔子之學說〉和〈孔子之弟子〉。《孟子要略》分為七章，依次是〈孟子傳略〉、〈孟子對於當時政治之主張〉、〈孟子對同時學者評論〉、〈孟子與弟子對於士生活之討論〉、〈孟子之性善論〉、〈孟子之修養〉和〈孟子尚論古先聖哲及自道為學要領〉。此二書後來與《大學中庸釋義》合為《四書釋義》，作為「國民基本知識叢書」的一種，由台北中華文化事業委員會於一九五三年出版，再由台北學生書局於一九七八年改版發行。

《四書釋義》〈例言〉指出：「竊謂此後學者欲上窺中國古先聖哲微言大義，藉以探求中國文化淵旨，自當先《論語》，次《孟子》。此兩書，不僅為儒家之正統，亦中國文化精神結晶所在，斷當奉為無上之聖典。《學》、《庸》自難與媲美。論《學》、《庸》兩書，言簡義豐，指近而寓遠，亦不失為儒籍之瑰寶，國學之鴻篇。」

《墨子》與《惠施公孫龍》

錢穆著《墨子》一書，成於一九二九年，由上海商務印書館於一九三一年出版，收入「百科小叢書」中。近代關於《墨子》的研究，自從盧文弨（一七一七——一七九五年）、畢沅（一七三〇——一七九七年）、孫星衍（一七五三——一八一八年）的校勘，下至孫詒讓（一八四八——一九〇八年）的《墨子閒詁》，積聚了一百多年來十數大儒的心力，闢莽開榛，其說日備；在民國初年研治墨學的，有章炳麟（一八六九——一九三六年）、梁啟超（一八七三——一九二九年）、胡適（一八九一——一九六二年）、章行嚴（一八八一——一九七三年）等多人，要別樹諸家未備之一格，不是輕易做得到的。錢穆在〈序〉中說，他這本小冊子「總算還有些自己的創見，極想努力地給同時或以往的學者解決一些墨學裏糾紛的問題。」例如墨家得名的由來、墨子的生卒年代、墨學的全部系統、別墨和《墨經》等，下至許、宋、尹、惠、公孫諸家和墨學的關係，「在本書裏均是想獨闢蹊徑，自造一貫的見解。並不敢徒拾陳言，譁世取寵。至於其間得失，自在讀者的公評。」正文分為三章：一、〈墨子傳略〉，二、〈墨子書的內容〉，三、〈墨學述要〉，結語認為：「墨學是因他自身的一種深刻的偉大的矛盾性而消滅了。」

錢穆著《惠施公孫龍》，一九三一年由上海商務印書館出版，收入「國學小叢書」之中，內容包括〈惠施傳略〉及〈惠施年表〉、〈公孫龍傳略〉及〈公孫龍年表〉等。其後錢穆曾修訂〈惠施歷物〉、〈惠學鈎沉〉、〈公孫龍子新解〉、〈公孫龍七說〉、〈辯者言〉、〈名墨訾應辨〉六篇，輯入一九七七年出版的

《中國學術思想史論叢》第二冊中。《錢賓四先生全集》所收《惠施公孫龍》一書，此六篇內容悉據《論叢》已修訂者，其餘各篇仍依商務原版之舊。書末另有〈再辨名墨訾應辨〉、〈堅白盈離辨駁議〉兩篇。

自習日文和摘譯《周公》

一九二六年，錢穆在無錫第三師範任教時，自習日文，偶見日人林泰輔所著《周公與其時代》一書，考述周公及其時代的相關史實，認為此書雖有未臻完密之處，但不失為研究周公的一本專門著作，於是利用課餘閒暇，摘譯而成《周公》一書，由上海商務印書館於一九三一年出版，收入「國學小叢書」之中。

林泰輔原書分為三部分：第一編為〈周公之事跡〉，第二編為〈周公之學術及思想〉，第三編為〈周公與周官、儀禮、周易爻辭之比較〉。錢穆認為其第一篇對周公的事跡排比明備，尤為學人所需，因而摘譯成為《周公》一書的前三章，即：第一章〈周公之家系及性行〉，第二章〈周公之活動時代〉，第三章〈周公之晚年〉；又摘譯原書第二編，成為此書第四章〈周公學術思想之概觀〉。錢穆在此書的〈弁言〉中，首以孔子為言，他說：

中國之有孔子，其影響之大且深，夫人而知之。然孔子之學術思想，亦本於中國固有之民族性，構成於歷史的自然之發展，決非無因而致者。孔子晚年，有「久矣！不復夢見周公」之歎，則其壯年以來之於周公，其思慕之忱為何如？《孟子》云「周公、仲尼之道」，後世亦每以周、孔並稱，非無故也。

進而指出：「孔子之於周公，既夢寐不忘，其間豈無精神脈絡相通之點！然自其時代觀之，兩聖之相去五百餘年，文運之昇降，政治之盛衰，人情風俗之變遷推移，有不可同日而語矣。……苟能於周公其人，博考詳察，則於探中國古代文化之淵源，與夫孔子學術之由來，皆思過半矣。」

林泰輔掇拾散見於各書中關於周公及其時代的材料，求其一貫之事實，以《詩》、《書》為主，參以其他古籍，考訂周公之行事，又繹其學術思想；更取《周官》、《儀禮》及《周易・爻辭》，古來所稱周公之著作者，一一詳為比論，以辨其果出周公與否。錢穆譯書出版三十餘年後，復於一九六七年由台灣商務印書館據原版影印。《錢賓四先生全集》收錄此書時，只就版式略作改善。

林泰輔（一八五四——一九二二年），一八八七年畢業於東京大學古典講習科漢書課，先後任山口高等學校副教授、東京帝國大學文科大學副教授、東京高等師範學校講師等職。主要著作有《朝鮮史》、《朝鮮近世史》、《朝鮮通史》等，是日本研究朝鮮史的先驅學者。

《王守仁》（《陽明學述要》）

一九二八年春，錢穆應上海商務印書館之邀，作《王守仁》一書，一九三〇年出版，收入「萬有文庫」之中，雖是一本只有四、五萬字的小冊子，而於王學之著精神處，已扼要地凸顯出來。錢穆在〈序〉中指出：

講理學最忌的是搬弄幾個性理上的字面，作訓詁條理的工夫，卻全不得其人精神之所在。次之則爭道統，立門戶。尤其是講王學，上述的伎倆，更是使不能。王學雖說是簡易直捷，他的簡易直捷，還從深細曲折處來。……讀者須脫棄訓詁和條理的眼光，直透大義，反向自心，則自無不豁然解悟。

再者，「陽明講學，偏重實行，事上磨練，是其著精神處。講王學的人，自然不可不深切注意於陽明一生的事業。」

一九五四年，錢穆將原書略加改定，易名《陽明學述要》，交由台北正中書局於一九五五年再版。全書內容包括：一、〈宋學裏面留下的幾個問題〉，二、〈明學的一般趨向和在王學以前及同時幾個有關係的學者〉，三、〈陽明成學前的一番經歷〉，四、〈王學的三變〉，五、〈王學大綱〉，六、〈陽明的晚年思想〉，七、〈王學的流傳〉，八、〈陽明年譜〉。

正如錢穆在初版〈序〉中指出，他「為要指點爭道統、鬧門戶的無聊，在起首增了兩章，在結構又添了一章，講及北宋以下理學諸儒的努力和見地，直到陽明末後，以及清儒。雖則粗略已極，對於王學真切的認識上，決非無補」。《錢賓四先生全集》關於《陽明學述要》一書的出版說明，是很有見地的：

是書雖篇幅不大，然述王學則溯自宋學以來，至王學本身，乃至王學之流傳，其大綱大節，實已提揭無遺。先生講明王學，尤特提醒讀者「脫棄訓詁和條理的眼光，直透大義，反向自心」，洵可謂能得王學「事上磨練」之著精神處者。

可以肯定地說，陽明學是錢穆早年繼《論語》研究之後，另一重要的研習心得，奠定了他深入探討宋明理學的基礎。或謂王守仁因「居夷處困」而致其學得以昇華，以錢穆當時的艱苦處境，相信對王學別有一番切身體驗，自非一般據文獻著作進行研究者所可比擬。尤應指出，錢穆認為「此後我們要發揚王學，應該更注意〈拔本塞源論〉，庶乎不走失了王學真精神，而且可以實措之當身與當世。又是人人與知與能，簡易明白，直捷無弊的。至於〈大學問〉與天泉橋問答，其中都不免易於引起文義爭辨，都會在言說思辨引入歧途，必須把束扣緊在〈拔本塞源論〉的大題目之下，庶乎有一個確定的目標與繩尺，不至於走失了陽明講學的原樣子」。

早年家庭和婚姻狀況

錢穆初次結婚是在一九一七年秋，當時他二十三歲，在梅村鎮無錫縣第四高等小學任教。第二年夏天，因七房橋五世同堂遭遇火災，無居可住，於是遷至蕩口鎮。當時他為了朝夕侍養母親，乃辭去教職，回到蕩口鎮鴻模學校任教。

一九二八年夏秋間，錢穆在蘇州中學任教時，家禍大作，留守在無錫的妻子鄒氏（約一八九三—一九二八年）和幼兒去世；在鄉里創辦小學的兄長錢摯，替他辦理妻兒喪事，勞累過度，亦於兩個月後病逝。連失三個至親，使錢穆甚為悲痛。錢穆後來致力將侄兒錢偉長教養成才，報答了兄長的恩情。

當時錢穆有一位好友金松岑（天翮；一八七四—一九四七年），是小說《孽海花》的最初起稿人，見錢穆遭此巨變，便介紹了同族的一個侄女給錢穆認識。但那位侄女覺得錢穆「為師則可，為夫非宜」。金松岑另又介紹了一個女弟子，結果由於彼此「屬相」不合，亦不成事，因為錢穆屬羊，對方屬虎，如果二人在一起，就是「羊入虎口」。

一九二九年春，錢穆在蘇州與張一貫（一九〇一——一九七八年）結婚時，請金松岑做介紹人，總算成全了他的一番美意。這年錢穆三十五歲，夫人張一貫二十八歲。婚後育有四子，錢拙、錢行、錢遜，幼子早夭；二女，錢易、錢輝。錢穆在北大、燕京任教時期，與家人的關係較為密切。抗日戰爭爆發後，錢穆輾轉至雲南，在西南聯大任教，張一貫和子女仍留在北平，本來準備稍後伺機西行，跟錢穆會合，不料戰爭擴大，未能如願。一九三九年，張一貫帶着四名子女返回故鄉蘇州，錢穆曾於一年後從西南回蘇州暫住，幼女是在這之後才出生的。抗戰勝利後，錢穆於一九四八年回到家鄉無錫，任江南大學文學院院長，但為時很短。一九四九年後，錢穆夫婦分隔兩地，沒有再見面的機會，張氏於「文化大革命」後去世；錢穆的子女直至內地實行「改革開放」後，才有機會與父親在香港見面。

第二章 《國學概論》及《先秦諸子繫年》

錢穆早年的著作，多由上海商務印書館出版，當中以《國學概論》最值得注意，《先秦諸子繫年》則奠定了他在學術界的地位。這兩種著作，在一定程度上是受了梁啟超的啟迪，卻又不同意梁氏的觀點，而有新的創見。《國學概論》簡明扼要，議論宏富，錢穆對中國歷代學術思想的看法，大抵已粗略具備於此書之中，例如第二章講先秦諸子，已概括了錢穆治諸子的主要看法。

決心研究先秦諸子

錢穆擔任小學教師的時候，盡量使自己不與學術界脫節。他閱讀北京大學一些必用的書籍，例如章學誠的《文史通義》和夏曾佑的《中國歷史教科書》；當時北大的文史教授正在爭論今古文學的分歧等問題，錢穆也加以注意和鑽研。在蘇州中學任教時，校中藏書甚豐，因該校的前身是紫陽書院，乾隆年間，在名士沈德潛的領導下，出了錢大昕、王昶、王鳴盛等「吳中七子」，乾隆帝六次下江南都到紫陽書院題詞。晚清時，國學大師俞樾在該書院主持學務；錢穆到任之前，王國維也在那裏教過。

「五四」前後，在康有為、梁啟超、章太炎、胡適等著名學者的推動下，學界掀起研究先秦諸子的熱潮。但這些學者都是大忙人，要坐下來專心做學問不易，所以錢穆便決心對有關先秦諸子的疑問，做一番認真的考證。一九三〇年春，終於完成了《先秦諸子繫年》這一巨著。梁啟超對學術思想論述甚多，已形成一個體系，然於具體課題每每未能深究，雖則大大引起了讀者的興趣，卻予人意猶未盡之感，有心人遂時思有所續作或改作。錢穆於研讀梁氏著作之餘，矢志探討。

早在一九二三年，錢穆在無錫三師講授《論語》，便開始考證孔子行蹤，經過七年時間，終於寫成三十萬字，對春秋戰國諸子百家作了全面而詳細的探討。當時四川學界領軍人物之一的蒙文通，到蘇州中學探訪錢穆，對《先秦諸子繫年》書稿手不釋卷，認為功力不在「乾嘉諸老」之下。顧頡剛看到書稿後，囑錢穆寄稿到他負責的《燕京學報》，後來〈劉向歆父子年譜〉刊出，即引起學界注意。一九三〇年秋，顧頡剛便推薦錢穆到燕京大學任國文講師。五年後，《先秦諸子繫年》始由上海商務印書館出版。

《國學概論》的撰著經過

一九二八年春，任職於商務印書館的方壯猷從上海到蘇州找錢穆，邀請他為「萬有文庫」撰寫《墨子》和《王守仁》兩書，後者於一九三〇年出版，前者於一九三一年出版，同年還出版了《國學概論》、《惠施公孫龍》及錢穆譯《周公》。《國學概論》一書早於一九二八年春完成，但大概由於家庭巨變，又因承諾撰寫另外兩書緣故，致未能及早出版。

在無錫三師任教時，錢穆就開設了國學概論課，並完成了七章，梳理了從孔子至隋唐的學術思想演變情況。到蘇州中學之後，接着研究隋唐以後的學術思想變遷，又完成了三章，全書遂告完成。他向學生展示自己的研究成果，強調做學問要「有新穎之批評」，尚創新，突破別人做過的結論。指出「宋明以來，相傳六百年理學之空氣，既已日醇日厚，使人呼吸沉浸於其中，莫不能解脫。而既病痛百出，罅漏日甚，正心誠意之辨，無救於國亡種淪之慘。則學者怵目驚心，將何途之出，以為我安身立命之地，而期康濟斯民之實？此又當時諸儒一切之問題也。於是而推吾心以言博學者，有黃梨洲」。

在談到清代學術，錢穆認為清初諸儒「雖已啟考證之漸，其學術中心，固不在是，不得以經學考證限也」。又說：

蓋當其時，正值國家顛覆，中原陸沉，斯民涂炭，淪於夷敵，創劇痛深，莫可控訴。一時魁儒畸士，遺民逸老，抱故國之感，堅長遯之志，心思氣力，無所放泄，乃一注於學問，以寄其守先待後之想。其精神義氣，自與夫乾嘉諸儒，優遊於太平祿食之境者不同也。

這番說話，撰於抗日戰爭爆發之前，尤見其心志與卓識，戰時且能身體力行。正如周勇著《大師的教書生活》所言：「錢穆自己對於中國文化、民族以及國家的熱愛與信心亦會在《國學概論》課的講授過程中自然地流露出來，使學生在感受中國歷代學人之心路歷程的同時，更會被其老師的學術人格魅力深深打動。」【七】

《國學概論》的內容

一九二三年至一九二七年間，錢穆於無錫省立第三師範擔任國文教席。校方規定教師隨班遞升，除國文正課外，每年尚須兼開一科，第一年為「文字學」，第二年講《論語》，第三年講《孟子》，第四年為「國學概論」。錢穆於此四科均自編講義，第四年以兵亂輟講，故所編《國學概論》僅寫了七章，一九二七年秋轉入蘇州省立中學任教，續講後三章，全書完成後，由商務印書館出版。

錢氏此書不循一般以四部分述國學之成規，而別出心裁，將中國古來學術分期討論，全書篇目依次為：一、孔子與六經，二、先秦諸子，三、嬴秦之焚書坑儒，四、兩漢經生經今古文之爭，五、晚漢之新思潮，六、魏晉清談，七、南北朝隋唐之經學注疏及佛典繙譯，八、宋明理學，九、清代考據學，十、最近期之學術思想。錢穆對此取向有明白的交代，他說：

本書特應學校教科講義之需，不得已始采梁（啟超）氏《清代學術概論》大意，分期敘述。於每一時代學術思想主要潮流所在，略加闡發。其用意在使學者得識二千年來本國學術思想界流轉變遷之大勢，以培養其適應啟新的機運之能力。時賢或主經、史、子、集編論國學，如章氏《國學概論》講演之例。亦難賅備，並與本書旨趣不合。竊所不取。

論者指出，錢穆《國學概論》一書，「雖未在其往後整體著作中佔有若何顯著的分量，卻係歷史底瞭解錢先生一部重要之作。」此書依時代劃分段落，綜敘各期特有的精神，並闡明其與時代之關係，重點與前此屬於「流別」的學術觀點不同，而較近於梁啟超所倡之新「學術史」觀念。這是理解錢穆所處思想環境，極為值得注意的一點。

對歷史有深切的認識，必然會對時代、對未來有所感悟。錢穆嘗論先秦諸子為「階級之覺醒」，魏晉清談為「個人之發現」，宋明理學為「大我之尋證」，則自此以往，學術思想之所趨，就是「民族精神之發揚」與「物質科學之認識」，而此二者，蓋非背道而馳、不可並進之說，「至於融通會合，發揚光大，以蔚成一時代之學風，則正有待乎今後之努力耳。」《國學概論》最後幾句，尤應記取：

學術不息，則民族不亡。凡我華胄，尚其勉旃。

關於《老子辨》

先秦諸子的一大疑點，是老子、孔子孰先孰後的問題。錢穆著有《老子辨》一書，一九三二年由上海大華書局出版；此書後來輯入香港新亞研究所出版的《莊老通辨》，錢穆在〈自序〉中指出：

《老子》為晚出書，汪容甫已啟其疑。然汪氏所疑，特在《史記》所載老子其人其事，固未能深探本書之內容。梁任公推汪氏意，始疑及《老子》本書；所舉例證，亦殊堅明。然梁氏亦復限於清儒舊有途轍，未能豁戶牖而開新境。且《老子》書晚出於《論語》，其說易定。而其書之著作年代，究屬何世？莊老孰先孰後？則其讞難立。余之此書，繼踵汪、梁，惟主《老子》書猶當出莊子、惠施、公孫龍之後，則昔人頗未論及。持論是非，當待讀者之自辨。而本書所用訓詁考據方法，亦頗有軼出清儒舊有軌範之外者。此當列諸簡耑，以告讀吾書者也。

錢氏認為，就思想史之已往陳迹，而知當時之思想條貫，是確然存在的。以言先秦，其人其世其書，有確可考而無疑者，如孔子、墨子、孟子、莊周、惠施、公孫龍、荀子、韓非、呂不韋。「就於其人其世先後之序列，而知其書中彼此先後思想之條貫，此亦一種考據也。然先秦諸家著書，亦有不能確知其書之作者與其著作之年代者，如《易傳》、《中庸》，如《老子》，如《莊子》外雜篇皆是。然其人雖不可知，而其世則約略尚可推。此於考求其書時代背景之外，復有一法焉，即探尋其書中之思想線索是也。」

何謂思想線索？錢穆說：「每一家之思想，則必前有承而後有繼；其所承所繼，即其思想線索也。若使此一思想在當時，乃為前無承而後無繼，則是前無來歷，後無影響。此則決不能驀然顯於世而共尊之為一家言。故知凡成一家言者，則必有其思想線索可尋。」

錢穆對於先秦諸子的一個重要主張，是認為老子的年代較後。他指出莊、惠兩家皆言萬物一體，莊子本於「道」以為說，惠施本於「名」以立論。《老子》書開宗明義，即曰：「道可道，非常道；名可名，非常名。」道與名二者兼舉並重，故知老子思想當晚出於莊、惠兩家。「然則先秦道家，當始於莊周，名家當始於惠施，不得謂老子乃道、名兩家共同之始祖。老子特綜匯此兩家，而別創一新義耳。此種思想線索之比定，則較為深隱而難知。」結語強調，「凡此云云，則必博綜會通於先秦諸子思想先後之條貫而後始見其必如是，故曰：非通諸子，則不是以通一子也。」老子年代問題，至今仍有不同說法。

《先秦諸子繫年》

錢穆撰寫《先秦諸子繫年》，前後花了九年時間，因任教學校藏書無多，不能恣意討究，而「課務雜碎，敗其深思。……偶得一日或數刻之清暇，燈前人靜，精力未灰，展紙疾書，獲成一篇。累積既多，稍得系統」。及至任教於燕京大學，七日有三日得暇，為有生以來所未有；「又所居靜悅，獨處一室，重繙陳稿，改寫《通表》四卷，因得稍訂其罅漏。凡三閱月而迄。」

本書詳考先秦學人的生平出處、師友淵源、生卒行事及學術流變之跡，上溯孔子生年，下至李斯卒歲，前後凡二百年。在編寫體例上，劃分為考辨和通表兩個部分：（一）考辨詳述其立說的根據和緣由，有四卷，計一百六十餘篇，因事命題；（二）通表闡發其結論梗概，分為四節，與考辨起迄相應，表式略仿《史記》〈十二諸侯年表〉及〈六國表〉的體例。【八】

錢穆在書中指出，昔人考論諸子年世，每依據《史記》〈六國表〉，而以諸子年世事實繫之；然《史記》多錯誤，諸子書中載錄的史跡亦有偽訛，造成先秦諸子研究異說紛呈，出現難辨真偽的情況。《先秦諸子繫年》用力勤、着眼廣，列舉大量實證，於先秦列國世系多所考核，對前史之誤頗有糾正，使先秦諸子年世井然有序，內容信實可靠。錢穆此書使讀者對複雜的先秦學術史和政治史能有明晰的認識，在學術界得到很高的評價，陳寅恪稱讚此書據《竹書紀年》訂《史記》之誤，「心得極多，至可佩服」，是「極精湛」的專著。【九】

錢穆在此書的〈自序〉中認為，「法原於儒，而道啟於墨，農家為墨、道作介，陰陽為儒、道通囿。名家乃墨之支離，小說又名之別派。」又指出「墨啟於儒」，蓋「墨家始於墨翟，亦學儒者之業，而變其道」。換言之，就是將先秦思想流派都歸結在孔子門下。考辨四卷，孔子的考據佔一卷，其餘三卷考曾子、子夏、子思、孟子、荀子等，總共考辨了一百六十三個問題。以諸子證諸子，又以諸子特別是《竹書紀年》與《史記》、《國策》對勘，對戰國史和戰國年代學的研究有相當的推進，在考據學上有很大貢獻。【十】

論者指出，錢穆早年偏重考證，後以通識性論著為主，無論是考證性還是通識性的論著，都注重於宏觀與微觀的結合，考證問題精密、細緻、深刻，涉及範圍相當廣泛，包括政治、地理、思想、文化、社會等領域，均取得很高的成就。《劉向歆父子年譜》是錢穆成名之作，主要針對康有為的《新學偽經考》而發，以本證的考據方法，考證康說是否與史實相符，在邏輯上能否貫通，最後得出比較令人信服的結論。《先秦諸子繫年》是錢穆歷史考據的另一代表作，在考據學上厥功甚偉，於二十世紀的新考據學領域中佔據一席之位，不少收入《古史辨》的文章就源於此書。由於錢穆沒有看到許多新出土的資料，因此考證不免存在一定的局限，即便如此，這兩部考證學著作影響甚大，足以居於新考證史學的代表著作之列，同時在思想史上，也佔有突出的地位。【十二】

未完成的《秦漢史》

錢穆的《秦漢史》，是他從北大教學歸結到新亞創校的一部代表性著作。此書原為一九三二年北京大學講義，又曾在清華大學講授；一九五七年在香港以自印本形式出版，後於一九八五年由台北的東大圖書公司印行，收入《錢賓四先生全集》第二十六冊。全書共有七章：一、〈秦人一統之局〉，二、〈漢初之治〉，三、〈西漢之全盛〉，四、〈西漢之中衰〉，五、〈昭宣以後之儒術〉，六、〈西漢一代之政制〉，七、〈王莽之新政〉。書中沒有論述東漢的篇章，是一部未完成的秦漢史著作。

抗戰期間，錢穆轉徙西南和飄泊各地，此書稿並沒有攜帶在身邊，幸而有學生保存着這份油印講義。錢穆認為西漢有些「重要節目」尚未述及，而且沒有東漢部分，應否將此講義付梓，不無疑慮；當年清華學生陶元珍則強調「此稿所創見，實並世學人所未及」。究竟錢穆的《秦漢史》與其他各家著作有何不同？簡單地說，就是撰述宗旨上所呈現的深度和廣度有所不同。論者認為：

> 錢著雖然首尾不夠完整，內容又有欠缺，但是對於所談的議題都有深刻的探討，提出許多精闢的見解，論證又是嚴謹詳密，其成就也就不是泛泛敘述秦漢史事的書所能比擬了。【十二】

換句話說，如果把錢穆的《秦漢史》視為一冊斷代史，則此書是欠全面的；但把此書作為秦漢史專論，則不失為佳作。在重點中見通盤佈局，是大學授課的典範，因課時所限，自然不能全面鋪開，擇其要者加以解說，學生反會得益較多。

戴景賢著《錢賓四先生與現代中國學術》指出，錢穆論中國學術發展與中國古代歷史，有其絕不同於民國初年一般思潮之處，這可見於與《中國近三百年學術史》並時而著的《秦漢史》。此書最重要的着眼點有二：其一，是秦漢制度的來歷；其二，是秦始皇焚書、漢武帝表彰五經的真相。這兩點皆係針對民初流行的史論而發。【十三】

要而言之，錢穆將秦人政制的創建與其焚書的心態予以分別，又討論了漢代儒術與吏治的關係，闡明制度與人才乃觀察政治應當分別重視的兩項：制度的設立出於歷史發展的需求，至於一個時代所進用人才，其素質及觀念、風氣的狀態均有其時代特色，不能將制度與人才混為一體。

系統探索和反覆研究

大抵可以這樣說，錢穆研究學術思想和歷史文化，是先有通盤的鋪排，然後逐項進行專深的探究。

他在《先秦諸子繫年》的〈跋〉中說：

時余治諸子，謂其淵源起於儒，始於孔子，而孔子之學見於《論語》、《春秋》。《易繫》非孔子書，老子不得在孔子前。既粗發孔子學術大體於《〔論語〕要略》，又先成〈易傳辨偽〉、〈老子辨偽〉兩篇。及〔民國〕十三年〔一九二四年〕秋，《論孟要略》〔《論語要略》及《孟子要略》〕既成，始專意治《易》，擬為書三卷，發明《易》意。謂《易》與《老子》之思想不明，則諸子學之體統不可說也。

錢穆又認為：

余意治先秦學術，孔、墨、孟、莊、荀、韓諸家，皆有書可按，惟名家、陰陽家，其思想議論，關係先秦學術系統者甚大，而記載散佚，特為難治。竊欲於治《老》、《易》外，先為《先秦名學鈎沉》，及《先秦陰陽學發微》兩書。否則諸子之年世不明，其學術思想之淵源遞變，亦自無可確說也。

中國歷史悠長久遠，治史者一般由遠古讀起，至隋唐而力歇，宋以下則多疏略未備。錢穆則一面研究先秦諸子，一面探索近三百年學術史，前後呼應，首尾兼備。然後由上而下，又由下而上，薈萃於宋明理學，達致學術高峰。

錢穆尊崇孔子，但並不薄諸家；發揚朱熹學說，而亦兼及陽明思想。這樣的治學態度，使錢穆有宏觀而全面的大識見，還可以用比較的方法作出說明，即使對中西文化優劣異同的論述亦是如此。

在北大講課情形

著名歷史學家何茲全（一九一一——二〇一一年）回憶說，他在北大史學系讀書時，課堂教學受歡迎的教授，是胡適、傅斯年、錢穆和陶希聖幾位。他們講課都很生動，析理清楚、深刻，引人入勝，處處有他們各自獨到的見解，使人佩服。錢穆「無學歷，教過十年小學、十年（應為八年）中學，刻苦努力，寫了幾本書，但使他成名的是《劉向歆父子年譜》。胡適、顧頡剛兩先生推薦他到燕京、北大教書」。對於錢穆教學的情況，何茲全有以下一段生動的描述：

錢先生講課，很有聲勢，也很有特點，雖然一口無錫方言，不怎麼好懂，但仍然吸引人。我聽過他的先秦史、秦漢史。他講先秦史，倒着講，先講戰國，再往上講春秋西周。我聽他一年課，戰國講完，也就到學期結束了。他講課講到得意處，像和人爭論問題一樣，高聲辯論，面紅耳赤，在講台上龍行虎步走來走去，這頭走到那頭，那頭走到這頭。【十四】

一九五〇年代，何茲全在〈關於中國古代社會的幾個問題〉一文中，提出「魏晉封建說」；晚年讀《國史大綱》才意識到當年聽課受業，錢穆對他的史學思想是有深刻影響的。

第三章 《中國近三百年學術史》導讀

錢穆在抗日戰爭前夕出版的《中國近三百年學術史》，是他廣為人知的代表作之一。書中對宋學加以推崇，闡發了明末以來的經世救國思想，及一代學風的變易情況，學術性與時代性兼備。以近三百年學術與先秦諸子遙相呼應，是錢穆治學術思想的一大特色。

《中國近三百年學術史》的撰寫

一九三一年秋，錢穆初任教於北京大學，除校方規定擔任「中國上古史」、「秦漢史」兩科外，自選「中國近三百年學術史」。梁啟超曾在清華國學研究院開授此科，所撰講義亦已於一九二四年由民志書店印行。錢穆嘗購得其書，以意見相異，因而在北大開設相同科目，並自編講義，其取徑與梁氏迥殊，一時頗受外界注意。歷時五載而成《中國近三百年學術史》上、下冊，由商務印書館於一九三七年出版。錢穆在此書〈自序〉中說：

> 竊謂近代學者每分漢宋疆域，不知宋學，則亦不能知漢學，更無以平漢宋之是非，故先之以〈引論〉，略述兩宋學術概要。又以宋學重經世明道，其極必推之於議政，故繼之以東林。明清之際，諸家治學，尚多東林遺緒。梨洲（黃宗羲，一六一〇—一六九五年）嗣軌陽明（王守仁，一四七二—一五二八年），船山（王夫之，一六一九—一六九二年）接跡橫渠（張載，

一〇二〇—一〇七七年），亭林（顧炎武，一六一三—一六八二年）於心性不喜深談，習齋（顏元，一六三五—一七〇四年）則兼斥宋明，然皆有聞於宋明之緒論者也。不忘種姓，有志經世，皆確乎成其為故國之遺老，與乾嘉之學，精氣敻絕焉。

錢氏又說，《中國近三百年學術史》「蓋有詳人之所略，略人之所詳，而不必盡當於著作之先例者。知我罪我，所不敢問也」。不妨簡單地認為，梁著比較重視「外緣因素」的解釋，錢著則較注意「內在理路」的分析，二人對於近三百年學術史的觀點異同概在於此。

論者已予明言，從明末至清末，中國學術界似乎沿着「經世致用」的路子，來了一個否定的否定。從密切聯繫現實的顧炎武、黃宗羲、王夫之等的「經世致用」之學，到乾嘉時期幾乎與現實完全脫節的「漢學」，到道咸以來崛起而在晚清蔚為大觀的、以變法維新為目標的近代今文經學的變遷，「既受學術本身發展的內在邏輯制約，更受發展變化的政治形勢的影響。」【十五】梁啟超的《清代學術概論》和《中國近三百年學術史》起了開拓者的作用，展示了一個宏觀的、全面的研究架構，錢穆的《中國近三百年學術史》着眼點既不同，處理手法亦異，卻在一定程度上是梁著的補充和深化，兩者實有一脈相承的聯繫和互相配合的作用。

治學途徑和早年學術成就

錢穆早年一本重要著作是《國學概論》（一九三一年），此書基於梁啟超的新學術史觀念，依時代劃分段落，綜述中國各個學術時期特有的精神。這是錢穆學術與梁啟超接合之處，在著作時間以至內容體系都有着巧妙的傳承關係。梁啟超的中國學問以學術思想史為至精，其規模則以建基於文化史的國學研究最為宏備；錢穆的著作常為梁著的接續，完成了梁氏一生未竟之業，有時則對梁氏見解加以深化和系統化。舉例來說，錢穆著《中國近三百年學術史》、《中國歷史研究法》等，均與梁啟超的著作同名，主題相類的亦復不少，如關於先秦學術繫年、老莊、孔子、墨子、王守仁、清代學術以至中國文化史的研究等等。

眾所周知，梁啟超、錢穆二人的學術理念不盡相同。梁啟超旨在啟迪群眾的新民史觀，影響了好幾代知識人士；他所創辦的《新民叢報》，更是二十世紀中國啟蒙思潮的先驅。錢穆在有關學術史的理解中，隱含一種通史觀點，且確信中國學術中某些思想成分，已成為一種人文價值的信仰，在中國歷史發展過程中，具有極大的影響力。這種強調歷史精神的文化史觀，是錢穆學術的最大特色，雖多少來自梁氏文化史研究的啟發，但要錢氏花畢生精力闡發後始見其豐贍。

錢穆治中國學術史，沿着梁啟超所闢途徑繼續前進，另一明顯可見之處，是對先秦諸子的重視。梁啟超在一九二〇年代寫成《老孔墨以後學派概觀》，對先秦時期老子（李耳）、孔子（孔丘，公元前五五一——前四七九年）、墨子（墨翟，公元前四六八——前三七六年）之後，道家、儒家、墨家三個學派的發展和演變，進行了較詳細的考證。又結合講課，編撰《先秦學術年表》，一九二三年出版的《先秦政治思想史》，是他研究先秦諸子的代表作。在此之前，梁啟超早就對墨學有較大的興趣，《子墨子學說》（一九〇四年）對墨子的人格和事業有很高評價，《墨子學案》（一九二一年）進一步探討墨子的思想，指出革除舊社會、改造新社會是墨子思想的總根源。梁氏這兩種著作，是研究墨子必讀之書。

錢穆著《墨子》（一九三〇年）及《先秦諸子繫年》上、下冊（一九三五年）等，多少承受了梁啟超的影響。前者僅一小冊子，七日而成；後者蔚為巨帙，深得學界所讚譽。錢穆於《先秦諸子繫年》的〈跋〉中，敘述此數書撰寫的大概情形，他說：

> 十五年（一九二六年）夏，始為諸生講《國學概論》，其第二章為先秦諸子。雖限於聽受者之學力，未能罄其所見，著語不多，而余數年來治諸子，大體意見，略如所論，實至今未變也。十六年（一九二七年）春，國民軍北伐，學校歇業，復避囂居鄉，得間可兩月，乃始從容整理《繫年》積稿，居然成卷帙矣。……及明年十七年（一九二八年）之春，而《國學概論》亦完書。……又明年秋後，得友人介，為商務草「萬有文庫」《墨子》小冊子，又本擬為《先秦名家鉤沉》，而久未有好懷，姑售《惠施、公孫龍》舊稿於商務，以濟家困。

上述一段文字，反映了兩個要點：第一，《國學概論》中關於先秦諸子一章，是錢穆治先秦諸子的基礎；此書撰寫時期與《先秦諸子繫年》相間，可以聯繫起來一併研究，《先秦諸子繫年》是錢穆的成名作，《國學概論》的重要性遠遠超過普通的國學課本，但一向不大受到研究錢穆的學者注意，其實並不公允。第二，錢穆擬著《先秦名家鉤沉》，以材料不易搜求而未能完成，其後雖有多種相關論著發表，但始終沒有寫出像梁氏《先秦政治思想史》一類的專書。不過，錢穆對先秦諸子的研究，其用力之勤、成果之多，是大大超越梁氏的。我們甚至可以說，梁啟超在不少問題上只開了一個頭，還沒有清楚仔細地作出研究，其貴重之處是在卓識；錢穆專心治學，往往能就有關問題逐一加以探討和分析。【十六】

梁啟超的學術史研究

梁啟超集古今中外多種學問於一身，是最能反映近代中國過渡時代文化特性的人物之一，其學術思想隨着時代發展和社會環境而不斷變化，然而不失「以史為本」的旨趣。他曾強調國學之中「最浩博、最繁難而且最有趣的，便是歷史。」梁氏逝世後，其友林志鈞為他整理文稿，編成《飲冰室合集》（包括文集和專集)，清楚指出：

知任公(梁啟超)者，則知其為學雖數變，而固有其堅密自守者在，即百變不離於史是觀已。其髫年即喜讀《史記》、《漢書》，居江戶(東京)草《中國通史》，又欲草世界史及政治史、文化史等，所為文如〈中國史敘論〉、〈新史學〉及傳記學案，乃至傳奇小說，皆涵史性。其《歷史研究法》則其治史之方法論，而《政治思想史》、《美文及其歷史》、《近三百年學術史》、《佛教史》諸篇，皆為文化史之初稿。【十七】

繼〈中國史敘論〉和〈新史學〉之後，梁啟超撰《論中國學術思想變遷之大勢》，對三千年來的中國思想作了全面評價。這些論著奠定了梁氏的治學規模，亦可視為其後整理國故運動的濫觴。胡適自承梁啟超的著作給他開闢了一個新世界，使他知道「四書」、「五經」之外，中國還有學術思想；但梁氏的文章闕了幾個部分，胡適忽發野心，而有補作之意，這就是其後他著《中國哲學史》的由來。【十八】

鄭振鐸（一八九八——一九五八年）認為梁啟超的成就之一，是「運用全新的見解與方法，以整理中國的舊思想與學說」。此外，是對於歷史著作的努力，寫出許多史書、史傳，「使今世之人，鑑之裁之」，而且都是「火辣辣的文字，有光有熱，有聲有色的。決不是甚麼平鋪直敘的尋常史傳而已。」【十九】《論中國學術思想變遷之大勢》是開創性的第一部中國學術史，將數千年來的學術思想界分為：「一、胚胎時代，春秋以前是也；二、全盛時代，春秋末及戰國是也；三、儒學統一時代，兩漢是也；四、老學時代，魏、晉是也；五、佛學時代，南北朝、唐是也；六、儒佛混合時代，宋、元、明是也；七、衰落時代，近二百五十年是也；八、復興時代，今日是也。」其後梁氏雖欲撰寫一部《中國學術史》，作深一層的探討，惜僅完成《清代學術概論》，由商務印書館於一九二一年出版；另有《中國近三百年學術史》，由民志書店於一九二四年出版。兩書互相配合，是研究清代學術史必須參考的著作。

論者指出，梁啟超在這一學術領域的貢獻，主要有以下幾個方面：第一，開創學術史的宏觀研究的新體制；第二，對清代學術的基本特徵和歷史地位作了比較中肯的分析和評估；第三，對清代近三百年學術思潮的形成、轉向和衰落的根源作了獨到的分析；第四，打破學派門戶之見，對近三百年學術史上的各派學術思潮和人物，分別予以客觀全面的評說；第五，對西方近代學術文化和中國正在進行的新文化運動的性質及兩者之間的聯繫，有相當明確的省思，梁啟超對清學的總結，揭示了中國傳統學術文化向現代轉化的內在必然性。論者甚至認為，後來蔣維喬（一八七三——一九五八年）的《中國近三百年哲學史》（一九三二年）和錢穆的《中國近三百年學術史》，「雖然在一些細節方面有所補正、修訂，但就總體而言，並沒有超出梁啟超所已達到的水準。」【二十】

梁啟超的《中國近三百年學術史》是他在清華、南開等大學任教的講義，共十六講。前四講以〈反動與先驅〉、〈清代學術變遷與政治的影響〉為題，綜論明末清初至民國初年學術思潮變遷及其原因，並附〈明清之際耶穌會士在中國者及其著述表〉；第五至十二講包括〈陽明學派之餘波及其修正〉、〈清代經學之建設〉、〈兩畸儒〉、〈清初史學之建設〉、〈程朱學派及其依附者〉、〈實踐實用主義〉、〈科學之曙光〉、〈清初學海波瀾餘錄〉，主要按學派、學科或行跡相類分述具有代表性的學術人物；第十三至十六講題為〈清代學者整理舊學之總成績〉，介紹清代學者（以乾嘉學派為主）在各學術研究領域所取得的成果。此書的材料組織大抵仿照清初黃宗羲的《明儒學案》，而在體例上作了新的創造，首先總述清代學術發展的整體線索，為各派學術的產生和興衰提供了社會文化思潮起伏的動態背景；又總結了清代學者的治學方法，並對一些學科的建設和發展提出自己的設想。例如在經學方面，梁啟超認為清人的研究固然可觀，但病在繁冗，將來整理經學，還要重新闢一條路，用簡明方法解釋經書的文句，以有趣味、有組織的方法闡明其義理。在史學方面，他強調要改變清人尊古和詳古略今的態度，重視當代史的記載和研究；對於古代經濟、法制、少數民族、文化、宗教等原本較為薄弱的研究領域，亦應加強。

必須指出，梁啟超上述幾種著作都有其缺點。《論中國學術思想變遷之大勢》只寫了〈總論〉、〈胚胎時代〉、〈全盛時代〉、〈儒學統一時代〉、〈老學時代〉和〈佛學時代〉六章，後來又補寫了第八章〈近世之學術〉，而缺第七章，即沒有交代宋、元、明「儒學混合時代」。《清代學術概論》對清代學術發展和演變過程作重點考察，持論比較公允和有系統，但此書原是梁啟超為蔣方震（一八八二——一九三八年）著《歐洲文藝復興史》所作的序，僅有五、六萬字。《中國近三百年學術史》在編次上，也存在一些疏略之處，例如書中幾次提到章學誠（一七三八——一八〇一年）都說「下文別有一篇評論他」，實則並無關於章學誠的專篇。但這些闕失無損梁氏作為先驅者的地位，反之有助於激勵後繼者，立志撰寫更

詳盡、更深入的著作，在同一學術領域中加以發揮。【二十一】

學術史研究的傳承與突破

梁啟超曾有志編寫一部《中國通史》，但天不假年，僅僅留下一個目錄便去世，錢穆則完成了備受注目的《國史大綱》上、下冊。梁氏又有意著述一部《中國文化史》，但只寫成「社會組織篇」，雖然如此，仍被譽為近代學者研究中國文化史的開拓性著作。二十世紀中國史學界在中國文化史方面成果纍纍，梁氏實在功不可沒。

錢穆著《中國文化史導論》，一九四三年在重慶初版，一九五一年在台北再版，一九九三年由台灣商務印書館出版修訂本。內容共分十章，篇目如下：一、中國文化之地理背景，二、國家凝成與民族融和，三、古代觀念與古代生活，四、古代學術與古代文字，五、文治政府之創建，六、社會主義與經濟政策，七、新民族與新宗教之再融和，八、文藝美術與個性伸展，九、宗教再澄清民族再融和與社會文化之再普及與再深入，十、中西接觸與文化更新。此書是錢穆繼《國史大綱》之後，專就通史中有關文化史一項加以發揮，而兼論中西文化異同的系統著作，故兩書合讀可對中國歷史有較深層的認識。其後錢氏對文化學作更多探討，而成《文化學大義》（一九五二年）；相關的專書，還有《中華文化十二講》（一九六八年）、《中國文化精神》（一九七一年）、《世界局勢與中國文化》（一九七七年）、《從中國歷史來看中國民族性及中國文化》（一九七九年）等。

錢穆晚年治學，大抵集中於孔子和朱子（朱熹，一一三〇——一二〇〇年）二人。關於前者，主要有《孔子傳》（一九七五年）、《孔子與論語》（一九七四年）、《孔子略傳·〈論語〉新編》（一九七五年）；關於後者，則有《朱子新學案》五冊（一九七一年）和《朱子學提綱》（一九七一年）等。就研究興趣與學術成就而論，晚年的錢穆是二十世紀末年具代表性的國學大師；不過他一直對史學並未忽略，《中國歷史研究法》（一九六一年）、《史學導言》（一九七〇年）、《中國史學名著》（一九七三年）和《中國史學發微》（一九八九年）等書的出版足為證明。

值得特別加以注意的一書，是《現代中國學術論衡》（一九八四年）。此乃繼《中國學術通義》

（一九七五年）之後而成之作，錢穆自言：

余曾著《中國學術通義》一書，就經、史、子、集四部，求其會通和合。今繼前書續撰此編，一遵當前各門新學術，分門別類，加以研討。非謂不當有此各項學問，乃必回就中國以往之舊，主「通」不主「別」。求為一專家，不如求為一「通人」。比較異同，乃可批評得失。否則惟分新舊，惟分中西，惟中為舊，惟西為新。惟破舊趨新之當務，則竊恐其言有不如是之易者。

錢氏又說：

此編姑分宗教、哲學、科學、心理學、史學、考古學、教育學、政治學、社會學、文學、藝術、音樂為十二目。其名稱或中國所舊有，或傳譯而新增。粗就余所略窺於舊籍者，以見中西新舊有其異，亦有其同，仍可會通求之。區區之意，則待國人賢達之衡定。

對於梁啟超的生平和學術，錢穆亦概略述其觀感。他認為「康（有為，一八五八——一九二七年）氏門人少，惟梁啟超任公一人，早年曾去湘，故亦受湘學影響，知尊湘鄉曾（國藩，一八一一——一八七二年）氏。先創《新民叢報》，後改為《國風報》。創刊辭中大意謂，國風相異，英法皆然，中國亦當然。其識卓矣。……如任公，實當為一史學巨擘。惜其一遵師旨從事變法維新之政治活動，未能專心為學，遂亦未臻於大成。及第一次歐洲戰役既畢，任公遊歐歸來，草為《歐遊心影錄》一書。大意謂，歐洲文化流弊已顯，中國文化再當宣揚。其見解已遠超其師康有為遊歐歸來所草《十三國遊記》之上，而亦與太炎（章炳麟）大不同。惜任公為學，未精未純，又不壽，年未六十即辭世，此誠大可惋悼矣。」

錢著近三百年學術史的構成和特色

清末民初對清代學術史的研究，章太炎、劉師培等人開啟先路；徐世昌網羅舊日詞臣史跡和著述，輯為《清儒學案》；梁啟超著《清代學術概論》，復有《中國近三百年學術史》。錢穆認為梁氏之書與他自己的觀點頗多相左，因而撰成與梁書同名的著作。

錢穆的《中國近三百年學術史》，記述清代二百六十多年學術思想的成就及其歷史進程。凡十四章，後有附表。〈自序〉交代成書緣由、撰作目的和清代學術的整體觀點，強調欲治清代學術，必先知宋學，首章〈引論〉略述兩宋學術概要，「又以宋學重經世明道，其極必推之於議政，故繼之以東林」。其餘十三章，分別論述清代學術名家的生平、著述及其學術思想。

錢穆著《中國近三百年學術史》目錄

第九章	章實齋（附袁簡齋、汪容甫）	章學誠（附袁枚、汪中）
第十章	焦里堂、阮芸臺、凌次仲（附許周生、方植之）	焦循、阮元、凌廷堪（附許宗彥、方東樹）
第十一章	龔定菴（附莊方耕、莊葆琛、劉申受、宋于庭、魏默深、戴子高、沈子敦、潘四農）	龔自珍（附莊存與、莊述祖、劉逢祿、宋翔鳳、魏源、戴望、沈垚、潘德輿）
第十二章	曾滌生（附羅羅山）	曾國藩（附羅澤南）
第十三章	陳蘭甫（附朱鼎甫）	陳澧（附朱一新）
第十四章	康長素（附朱子襄、廖季平、譚復生）	康有為（附朱次琦、廖平、譚嗣同）

《中國近三百年學術史》特重學術思想，不專列清代考據成就，認為乾嘉考據學家「相率逃於故紙叢碎中」，非真正之學術；全書側重於清代學者對古今治亂之學的用心所在，「唱風教，崇師化，辨心術，核人材」方為真正之學術，所以對明末清初學者的經世救國思想特別推崇，對其後清代學術偏於訓詁考訂以及糾纏於漢宋之爭則頗多非議。錢穆長於考據，但抑漢學而崇宋學的痕跡隨處可見。

書末附表依年代先後，羅列明神宗萬曆元年（一五七三年）至清宣統三年（一九一一年）的學術活動，以及學者的生卒年份，篇幅佔全書篇幅六分之一。從眾多的文獻中，撮玄輯要，排比成體，以補正文重點論述的不足，顯示一代學術進程的全貌。不妨認為，這與《先秦諸子繫年》遙相呼應，稱為《明末以來諸子繫年》，庶幾近矣。

錢穆把近三百年學術思想分為漢學、宋學兩大思想體系，探討了清代漢學、宋學的思想淵源和各個主要學術流派的前後繼承關係及彼此之間相因相革的聯繫。書中對這一時期兩大思潮中的主要思想家黃宗羲、王船山、顧炎武、顏元、戴震、章學誠、龔自珍、康有為等都作了詳細介紹，並有較為中肯的評價。錢穆在評述他們的哲學思想、治學思想、社會政治理想等學術思想的同時，還從經、史、哲、小學音韻、校勘輯佚等多個方面，對清代的學術成就進行了認真而概括的總結。論者指出：「他對中國古代思想家及其著作的考辨，對其思想發展源流的探討，深入細緻，極有見地，均成一家之言。這部專著一九四九年前在我國學術界曾產生過較大的影響，至今對研究中國學術思想史、哲學史、文化史仍具有重要的參考價值。」【二十二】

錢著近三百年學術史的主要內容

錢穆著《中國近三百年學術史》第一章〈引論〉分為兩節：第一節「兩宋學術」指出近代學術導源於宋，「不識宋學即無以識近代」；治宋學必始於唐，而以韓愈為之率」，「韓氏論學雖疏，然其排釋老而返之儒，昌言師道，確立道統，則皆宋儒之所濫觴也。」北宋胡瑗「主明體達用」，以「君臣父子仁義禮樂」為體，以「舉而措之天下」為用；講學分經義、時務兩齋，「經義其體，時務其用也。」孫復以講《春秋》著名，強調尊王大義和等級名義，與胡瑗、石介並稱「宋初三先生」，開宋代理學思潮之先河。繼而論述北宋學術的兩大精神，及王霸、義利之辨。及至南宋，「心性之辨愈精，事功之味愈淡，然宋學決非無為。總結指出，宋學精神厥有兩端：一曰革新政令，二曰創通經義；而精神之所寄，則在書院。書院講學之風，至明末東林書院始竭，蓋東林者「亦本經義推之政事，則仍北宋學術真源之所灌注也。」

〈引論〉第二節「晚明東林學派」略論東林學者講學大旨，為近三百年學術思想史作先導。首言在科舉制度影響下，朱子學成為正統，「陽明良知之學，即針對當時章句訓詁功利之見。」其次指出東林講學大體在矯挽王學之末流，及抨彈政治之現狀。進而綜論東林淵源於王學，頗得王學初義之精，「東林言是非好惡，其實即陽明良知立誠知行合一之教耳。」

第二章〈黃梨洲〉論述黃宗羲學術思想大要，包括：（一）梨洲論劉蕺山（即劉宗周，一五七八—一六四五年），（二）梨洲論王陽明，（三）梨洲晚年思想，（四）梨洲經史之學，（五）梨洲之政治思想。至於與黃宗羲有關的學者如陳確（字乾初）、潘平格（字用微）、呂留良（號晚村）三人的思想言論，亦詳加闡述。

第三章〈王船山〉析述王夫之的學術要旨，論道則在惟器論與惟用論，「不認道在器外，體在用外」；論性最精之詣，「在以日生日新」之心物合一論、身心合一論、己物合一論，深斥後世言心者蹈虛落空之病；其論有無、動靜、內外，論習、知、能、行，以至衣食廉恥先後等等，均一一予以說明。至於王夫之的政治思想，首重法制之不能泥古，法貴因時，亦貴因情，從而指出「船山論治論學，旨多相通。惟論學極斥老莊之自然，而論治則頗有取於老莊在宥之意，此尤船山深博處」。

第四章〈顧亭林〉闡述顧炎武的論學宗旨，強調其論史尤重風俗，「蓋天下之治亂，本之風俗，風俗之盛衰，由於一二賢知之士。天下興亡，匹夫固宜有責，亭林所倡行己之教，大體如是。」又謂顧炎武平生著述，最要者當推《音學五書》，「不僅為後人指示途轍，又提供以後考證學者以幾許重要之方法焉。」撮要而言，如為種種材料分析時代先後而辨其流變，一也；每下一說，必博求佐證，以資共信，二也。復指出「亭林著述之盛，要當首推《日知錄》」。然清儒所重視者為其纂輯之方法，專守其經學之議而不在旨義。至於顧炎武之政治思想，其最堪注意者，為對風俗之重視，故論政亦多着眼於風俗人心，舉其較大之論點言之，則有郡縣分權及地方自治之主張。進而指出顧炎武與黃宗羲二人的出身和活動有四項相似之處，惟二人性格不同，環境不同，而學術之異亦若由此而判。

第五章〈顏習齋、李恕谷〉分論師徒二人之學術思想，闡明顏元所提倡習行有用之學，一曰兵，二曰農，三曰禮樂，「合事與動而為習行，由習而明性道，由性道而見作用，建功業，合內外，成人己，通身世，打成一片，一滾做功，此習齋論學要旨也。」【二十三】

錢穆著《中國近三百年學術史》於晚清思想亦多創見，第十一章〈龔定盦〉指出：「常州之學，起於莊〔存與〕氏，立於劉〔逢祿〕宋〔翔鳳〕，而變於龔〔自珍〕魏〔源〕，然言夫常州學之精神，則必以龔氏為眉目焉。」書中還介紹了「常州公羊學後勁者」戴望（字子高），他「雖不為常州公羊之學，而其砭時論世之風，頗有似於定盦者」。【二十四】

第十四章〈康長素〉專論康有為，謂「言近三百年學術者，必以長素為殿軍」。書中對康氏之長與講學、新考據、《大同書》以及其思想之兩極端，申述甚詳，兼及康氏之孔教論。

第二篇　從西南聯大到香港新亞

——十萬里上下四方，俯仰錦繡

一九三七年七月七日，盧溝橋事變爆發，中國對日宣戰，展開了長達八年的抗日戰爭。同年十月，錢穆赴長沙，入國立臨時大學，當時他四十三歲。翌年赴昆明，入國立西南聯大任教授；四月赴蒙自，到國立西南聯大文學院任教。《國史大綱》的撰著和出版，是錢穆這時期的主要學術表現。

其後，錢穆於一九四〇年夏主持齊魯國學研究所，同時在私立齊魯大學兼課。一九四三年，應邀轉入華西大學文學院任教授。抗戰勝利後，於一九四五年秋赴昆明任五華書院研究所所長，並在國立雲南大學任教授，一九四八年轉無錫私立江南學院任教授。

一九四九年春，錢穆赴廣州，任私立華僑大學教授，並於秋天隨校赴香港。同年十月，與人在香港創辦亞洲文商專科夜校。翌年，改夜校為日校，易名新亞書院，任校長。一九五四年新亞研究所成立，錢穆兼任所長之職。一九五六年，錢穆與胡美琦結婚。同年，新亞書院農圃道自置校舍落成，「桂林街時代」結束，自此進入「農圃道時代」。一九六三年十月，香港中文大學成立，新亞書院為三個成員學院之一，錢穆任新亞書院校長至一九六五年辭職。一九七三年，新亞書院遷入沙田，「農圃道時代」結束，原址用作新亞中學校舍，新亞研究所仍留在農圃道，直至現在。

教書不忘做學問，是錢穆人生的第一個階段；把學問應用於教育事業，是錢穆人生的第二個階段。從八年抗戰到寓居香港，在艱難的條件下辦學，經過二三十年的人生歷練，時代造就他成為一代著名教育家。《新亞校歌》第二段：「十萬里上下四方，俯仰錦繡，五千載今來古往，一片光明。十萬萬神明子孫，東海西海南海北海有聖人。珍重珍重，這是我新亞精神。」充分反映出錢穆在這個人生階段的心境，也鼓舞了一批熱愛中國文化的青年努力向上。

第四章 《國史大綱》及其時代

一九三三年秋，錢穆在北京大學講授中國通史，寫有中國通史筆記，曾以《中國通史參考材料》的名稱印行。抗日戰爭爆發後，錢穆隨校南遷，復以中國通史筆記為底本，加以整理，並自魏晉以下陸續起稿，於一九三九年六月撰成《國史大綱》。此書得到不少讚譽，但也受到一些激烈批評。

《國史大綱》的內容

錢穆著《國史大綱》上、下冊，一九四〇年上海商務印書館出版，實際上是在香港印刷和發行，另有重慶、長沙等地的「國難版」。此書凡四十八萬字，是抗日戰爭時期重要的中國通史著作，作為大學教材之用。採用編年順序的方式，分為八編，共有四十六章，依次介紹中國歷史的發展，自虞夏至清末，每一編之中分別介紹了政治變遷的概況和經濟文化的狀況：

第一編——上古三代之部：從中原文化的發祥至夏、商、西周的歷史發展，考察了殷代的帝系及年曆、殷人的居住地、殷人的文化和殷周關係，依據甲骨卜辭對殷代歷史作了大致的描述，認為西周是封建帝國的創興時期，並對西周的帝系、年曆、周初的封建及其發展進行了考察。

第二編——春秋戰國之部：書中稱春秋為「霸政時代」，戰國為「軍閥鬥爭之新局面」，從春秋戰國力政爭霸的時代宏觀特徵出發，介紹了當時的政治形勢，同時還考察了這時代的另一重要現象——民間自由學術的興起，探究其原因和百家爭鳴內在的矛盾鬥爭。

第三編——秦漢之部：這時代最主要的歷史現象是大一統政府的創建，書中介紹了大一統政府的創立、發展和墮落的過程，作了整個秦漢政治發展的基本線索；同時，又介紹了士族的興起發展和秦漢時期的對外關係。

第四編——魏晉南北朝之部：由統一走向分裂是這時代的趨勢，書中介紹了三國長期分裂的開始、西晉統一政府的迴光返照、東晉對長江流域的治理和開發、北朝的長期戰亂、南朝的政治消沉、北方政權的新生命；同時，還重點考察了這個時代佔統治地位的士族門閥地主的基本特徵和興衰，以及介紹了這個時代的宗教思想概況。

第五編——隋唐五代之部：敘述了隋唐統一王朝的重建和發展過程，並對其中重要的政治、經濟、軍事制度的演變，如租庸調到兩稅法、府兵制到方鎮與禁兵等，作了重點考察。

第六編——兩宋之部：敘述了兩宋政治變遷的大概，重點介紹了北宋的政治革新運動和理學的興起，同時還介紹了兩宋與遼金的關係。

第七編——元明之部：敘述了蒙古入主中原和明朝漢族政權的復興，指出這時代的政治特徵是傳統政治復興下的君主獨裁，同時介紹了經濟文化的南移現象。

第八編——清代之部：敘述了清代的政治經濟概況。

最後，書中還介紹了辛亥革命至抗日戰爭簡況。錢穆對菲薄傳統文化的歷史虛無主義，力圖加以批判。【二十五】一九七四年，台灣商務印書館出版了《國史大綱》的修訂版，與初版不同之處，是修訂了第一編第一章有關考古的內容，及增加了二十四幅圖，此外一仍其舊。

讀者要具備的信念

錢穆《國史大綱》書前，有〈凡讀本書請先具下列之信念〉，提出四點：

第一，「當信任何一國之國民，尤其是自稱知識在水平線以上之國民，對其本國已往歷史，應該略有所知（否則最多只算一有知識的人，不能算一有知識的國民）。」

第二，「所謂對其本國已往歷史略有所知者，尤必附隨一種對其本國已往歷史之溫情與敬意（否則只算知道了一些外國史，不得云對本國史有知識）。」

第三，「所謂對其本國已往歷史和一種溫情與敬意者，至少不會對其本國已往歷史抱一種偏激的虛無主義（即視本國已往歷史為無一點有價值，亦無一處足以使彼滿意）。亦至少不會感到現在我們是站在已往歷史最高之頂點（此乃一種淺薄狂妄的進化觀）。而將我們當自身種種罪惡與弱點，一切諉卸於古人（此乃一種似是而非的文化自譴）。」

第四，「當信每一國家，必待其國民備具上列諸條件者比數漸多，其國家乃再有向前發展之希望（否則其所改進，等於一個被征服國或次殖民地之改進，對其國家自身不發生關係。換言之，此種改進，無異是一種變相的文化征服，乃其文化自身之萎縮與消滅，並非其文化自身之轉變與發皇）。」

本著上述的觀念，錢穆在《國史大綱》中盛讚中國歷史和文明的悠久博大、史書記載的完備，以及疆域的廣大和包容民族的繁多。在抗日戰爭的艱苦時期發表這些見解，顯然是要激起人們的民族自尊和愛國之心。【二十六】

此書的〈引論〉還通過中西文化發展進程的比較，對中國文化的特點提出一些獨到的見解，例如認為「我民族文化常於和平中得進展是也」，而「歐洲史每常於鬥爭中著精神」。又說：

西方於同一世界中，常有各國並立。東方則每每有即以一國當一世界之感。故西方常求其力之向外鬥爭，而東方則惟求其力之於內部自消融，因此每一種力量之存在，常不使其疆化以與他種力量相衝突，而相率投入於更大之同情圈中，卒於溶解消散而不見其存在。

錢穆指出中國傳統文化、政治、社會、學術思想有其獨立發展系統的同時，又主張吸收、融合世界各國文化新精神以求變求新，他堅信中國文化調整和更新的動力與前景，必來自先民所貽的文化系統的內部，作為「國家民族永久生命之泉源」。是書出版後，風行全國，成為各大學通用的歷史教科書，極大地鼓舞了廣大青年學子，激發了他們抗日救亡的熱忱。《國史大綱》這篇〈引論〉，被學林推重為「近世大文章」。【二十七】

《國史大綱》的觀點

姜義華主編《中國學術名著提要》內，齊中的《國史大綱》書介，指出此書的史觀，有下列特點：

一、主張用「溫情」與「敬意」對待中國的歷史文化，反對將活的歷史變成死的材料。他針對民國以來「歐風美雨」侵染下產生的「全盤西化論」及疑古派的「古史層累造成說」，認為中國的歷史與文化是一永久的生命源泉，是中國現實社會發展的原動力。他強調從自身歷史與文化的內部獲取新的生機，而不是盲目外求，本民族國家當下發展方有前途。他主張對中國歷史與文化的研究，應該「將死的材料返回活的人事的記載」，並且「附隨一種對本國已往歷史之溫情與敬意」，去體察先民對國家、對民族的貢獻，將自身的生命匯入文化的生命，激發對本民族的熱情，以自覺地延續本國歷史的生命。

二、強調中國歷史與文化的獨特性。錢穆認為中國史的進展與歐洲有不同的途轍，中國政制由封建而躋統一，由封建外戚軍人所組成的政府漸變而為士人政府，由士族門第再變而為科舉的競選，逐步演進為以考試與銓選為骨幹的「天下為公」、「選賢與能」的政制，而不是所謂的「專制政體」，亦非「無民權、無憲法」；中國的學術思想早已脫離宗教的羈絆，學術與宗教的自由並未為政治所嚴格束縛，將科學的不發達歸罪於中國學術思想的舊傳統，是不悟史實，倒果為因；中國的社會組織更不是封建社會或資本主義社會，而是自成一格。錢穆指出，研究中國歷史「不必先存一揄揚誇大之私，亦不必抱一門戶之見，仍當於客觀中求實證，通覽全史而覓取其動態」。全書的中心意旨，是要論證中國歷史所造就的政治、社會、文化，並未落後於西方，甚至有過之而無不及。【二十八】

《國史大綱》的結構

一、記敘取綱目體例。全書分編、章、節，每節立一標題，皆先為提綱，概括史事；提綱之下，或夾註，或低格另行，作具體說明。這與朱熹《通鑑綱目》模仿《春秋》所作之綱，有些相似，而又不盡相同，朱書之綱重在「辨名分，正綱常」，錢著之綱更多提要史書的性質。

二、內容注意縱橫攝取。《國史提綱》的內容，以政治制度為最要層的結構，學術思想為中層的幹柱，社會經濟為最下層的基礎。此三者又相互銜接和連貫，而成一記敘歷史的橫向整面。書中又注意縱向的時代變化，強調「變之所在，即歷史精神之所在，亦即民族文化評價之所繫」，通過覓取歷史動態，就可以著錄歷史進程。錢穆認為，戰國時的變動在學術思想，秦漢時的變動在政治制度，魏晉時的變動在社會經濟，書中相關章節即着眼於不同方面。這種對史事「縱橫攝取」的寫法，與中國歷史著作重視「世道興衰」和「人物賢奸」的傳統記述相配合，論證了他對中國歷史的獨特觀點，從而使《國史大綱》與其他中國通史著作不同。

三、著述之目的在於「通史致用」。在〈引論〉中，錢穆指陳晚近中國之大病，在於士大夫無識，不明國史真相，妄肆破壞中國數千年的文化，引入「不切國情之新制度」。他又責備將一切歸罪於古人的做法，使腐敗混亂變本加厲，歷史有其自身的降升進落，不能因見彼我的突進驟落而意亂情迷，毀我以就人，自絕其生命。在揭示民族歷史與文化真相的同時，不應迴避中國歷史上種種複雜疑難的問題，證治歷史的病原，方能接續歷史的生命，使國家和民族得以演進。

〈成書自記〉亦可注意，錢穆說：「此書一本所携筆記，綴集而成，而筆記隨時摘錄，頗多疏忽。大率未注出處，忘記篇卷。此書因一律削之，不更標舉。偶載來歷，轉成例外。其時賢文字，近人新得，多所採獲，亦不備詳。義取一律，非敢掠美。」

論者指出，由於特殊的抗戰背景，錢穆《國史大綱》此書在佈局上詳於漢唐而略於遼金元清，詳於中原而略於周邊兄弟民族，在取材上詳於制度而略於人事，詳於文化而略於戰爭。「通過本書，我們可以了解錢穆所提倡的史心與史識、智慧與功力之互動。」【二十九】總的來說，錢穆的《中國近三百年學術史》寫於「九·一八事變」之後，因此在書中「特嚴夷夏之防」，竭力表彰民族氣節和愛國傳統。而在抗日戰爭中出版的《國史大綱》，更是錢穆史學致用理論在史學實踐中的具體寫照。抗戰期間錢穆之所以由歷史研究轉入文化研究，弘揚民族文化和民族精神，目的也在於為當時救國尋找精神資源和文化資源。【三十】

《國史大綱》近五十萬字，以民族文化意識貫通全書，其章節標題點醒各時代特徵及變化，充溢着歷史智慧和創見獨識。平心而論，讀者如缺乏必須的史學基礎，在理解上是有一定難度的，在數十年後今天尤感吃力。一九五〇年代錢穆主持新亞書院期間，曾先後開講「中國通史」多次，講義後經弟子葉龍整理，編錄而成《錢穆講中國通史》。此書〈導論〉講中國歷史分期，下分十一章：（一）傳疑與信史，（二）先秦時期，（三）秦漢時期，（四）魏晉南北朝時期，（五）隋唐時期，（六）兩宋時期，（七）蒙元時期，（八）日朝時期，（九）宋元明經濟變化，（十）滿清建國，（十一）清代中衰與晚清變法改革；最後以〈辛亥革命後政局〉作結。章節與《國史大綱》大致相若，「一以與課堂講述相輔相應為主，其詳略輕重之間，有大相逕庭者。」【三十一】

《國史大綱》最後一章最後一節，題為「抗戰勝利建國完成中華民族固有文化對世界新使命之開始」，內文只兩行，謂「本節諸項，為中國全國國民，內心共抱三蘄嚮，亦為中國全國國民當前乃至此後，共負之責任。不久之將來當以上項標題創寫於中國新史之前頁」。宜乎斯言！

第五章　新亞時期的大師風範

二十世紀史學大師錢穆的眾多著作之中，有幾種較便初學者參考，尤其是一九五〇年代初出版的《中國歷代政治得失》、《中國思想史》及《宋明理學概述》三書，大抵可以作為閱讀錢氏重要學術著作《國史大綱》及《中國近三百年學術史》等的預備。另外，《文化學大義》和《中國文化史導論》是錢穆在文化學方面的代表作，亦應加以重視，藉此可以加深對中國歷史文化發展的認識。筆者四十多年前初次披閱錢穆著作時，曾就上述諸書寫成讀書隨筆，內容稚嫩，但較能反映史學初入門者的看法，對年青學子來說，或許有所裨益。主要論述，輯錄於第五、第六兩章之中，敝帚自珍，刊出時只作了文字上的修訂。

新亞書院歷史系和研究所

新亞書院成立之初，設文史系，錢穆兼系主任，至一九五五年。他講授的科目，有「中國文化史」、「史國社會經濟史」和「中國通史」。一九六〇年，文史系分為中國文學系和歷史系；香港大專院校設獨立的歷史系，以新亞書院為最早。

錢穆對中國社會經濟史的看法，從葉龍整理出版的《錢穆講中國經濟史》（二〇一三年）和《錢穆講中國社會經濟史》（二〇一六年）兩書可見一斑。前者分為九章，由中國古代農業經濟講起，直至明清時期的經濟；後者共有十八篇（簡體字版有二十篇），由古代氏族社會與農業概況到民國時期的賦稅，包括社會、經濟、制度和民生等。《錢穆講中國通史》（二〇一七年），可以作為《國史大綱》的補充說明；《國史大綱》言簡意賅，先從閱讀《錢穆講中國通史》入手或有一定幫助。

一九六一年至一九六五年間，錢穆在新亞書院研究所舉辦的學術專題演講中，一共作了二十次演講，大部分發表於《新亞生活》第四卷至第七卷各期。

一九六一年：「中國儒學與文化傳統」、「關於學問方面的智慧與功力」；

一九六二年：「學問與德性」、「中國歷史上關於人生理想之四大轉變」、「有關學問之道與術」、「有關學問之系統」、「學術與風氣」、「歷史與地理」；

一九六三年：「學問之入與出」、「推尋與會通」、「我如何研究中國古代地名」、「大學格物新義」；

一九六四年：「談《論語新解》」、「再談《論語新解》」、「三談《論語新解》」、「談當前學風之弊」（三次）；

一九六五年：「專家之學與名家之學」、「談朱子研究」。【三十二】

在《新亞學報》發表論文

新亞書院於一九五五年創辦《新亞學報》，錢穆在該學報上發表了多篇文章，除〈新亞學報發刊詞〉外，計有：

一、〈中國思想史中之鬼神論〉，一卷一期（一九五五年八月）
二、〈王弼郭象注易老莊用理字條錄〉，一卷一期（一九五五年八月）
三、〈中國古代北方農作物考〉，一卷二期（一九五六年二月）
四、〈本論語論孔學〉，二卷一期（一九五六年八月）
五、〈釋道家精神義〉，二卷一期（一九五六年八月）
六、〈論春秋時代人之道德精神〉，二卷二期（一九五七年二月）
七、〈朱子與校勘學〉，二卷二期（一九五七年二月）
八、〈西周書文體辨〉，三卷一期（一九五七年八月）
九、〈雜論唐代古文運動〉，三卷一期（一九五七年八月）
十、〈論文選〉，三卷二期（一九五八年二月）
十一、〈讀柳宗元集〉，三卷二期（一九五八年二月）
十二、〈讀姚炫唐文粹〉，三卷二期（一九五八年二月）

十三、〈讀詩經〉，五卷一期（一九六〇年八月）
十四、〈略論魏晉南北朝學術文化與當時門第之關係〉，五卷二期（一九六三年八月）
十五、〈推止篇〉，六卷一期（一九六四年二月）
十六、〈讀明初開國諸臣詩文集〉，六卷二期（一九六四年八月）

《中國歷代政治得失》

《中國歷代政治得失》一書是一九五五年間錢穆在台灣的講演記錄，因為講期只有五次，每次以兩小時為限，不能對中國歷代制度詳加陳述，所以只選擇漢、唐、宋、明、清五代，略舉其大綱，後來補充了若干新資料，輯成此書。

錢穆出版此書的原因有二：第一，他認為檢討中國文化，自該檢討傳統政治，否則會加深對傳統文化的誤解。第二，中國自辛亥革命前後以來，太重視制度，而不知制度必須與人事配合。模仿抄襲外國的現成制度，大量施行於中國而抹殺了本身的傳統制度。中國傳統制度中亦不乏良好的，豈可用專制黑暗來全面概括。須知任何一制度，絕不能歷久不而變，更不可能歷久而不衰，真正的改善方法是求適當的變通。

由於有此兩因，書中除對歷代各項政治制度分別作出闡述外，更首重其得失的檢討，以及各制度間的相互影響；而最可貴的，是比較各朝代的制度，以求得出其成敗的因素所在，及對當時和對後世的影響，務使長短得失判然。

錢穆認為「政治應該分為兩方面來講：一是講人事，一是講制度。人事比較變動，制度由人創辦亦由人改訂，而制度比較穩定，也可以規人事；限制人事」。本書內容，稍為着重制度，先講制度的淵源、內容，而又不忽略人事的影響。在不少歷史書中，讀者所看到的政治制度只是一些條文，而對其內在精神茫無所知，每每覺得枯燥乏味。但在本書之中，這些制度都活生生地展示於讀者眼前，是「活的歷史」。作者一次又一次的提醒讀者，我們不單只要知道已往的歷史陳跡和舊的制度，還應該把舊有的歷史知識，應用到現實之中。

錢穆對歷代政治得失的評述，並不偏於某一方面，而是從客觀的地位，作出綜合性的、全面性的看法。制度有本身的利弊，有人事的影響及時代潮流的衝擊，這些都不能忽略。每種制度都隨着以前的制度和社會、時代的需求演變而來，並非孤立存在，而是形成一整套的，作者正注意此中的沿革。此書雖然只有薄薄的一百四十餘頁，但能成為研究中國政治制度史的好書，其重要原因之一，正在於此。

《中國歷代政治得失》一書的次序編排，層次分明，內容共分五講：（一）漢代，（二）唐代，（三）宋代，（四）明代，（五）清代。這是中國歷史上最重要的五個朝代，從中可以看到中國政治制度的大概情況。每講之內再分為若干細目，大致包括四個範圍。第一，政府組織——政府內部的職權分配；第二，選舉制度——自唐以後演進為考試制度；第三，經濟制度——是政府處理財政經濟的制度；第四，兵役制度——即保衛政府的武力。在具體指陳了漢、唐、宋、明、清五個朝代政治制度的得失之後，錢穆認為，中國傳統政治的主流，並非近代所謂的「皇權專制」；一般來說，中國的傳統政治權力都是通過科舉等制度向社會開放的，是一種士人政權。清代由於是維護滿族的利益，所以其政權是部族政權，形成了所謂「專制黑暗」的局面，但不能以此否定中國的整個政治傳統。【三十三】

書中從歷史事實來比較其好壞，根據當時人的意見來說明其得失。將中國歷來的政治制度依朝代分成五個單元來講述，條理井然，一氣呵成，各制度均能作有系統及連貫性的表達，無分斷零碎的的弊病。讀後能對中國的政治制度，作一有系統的認識。而尤可貴的，是在每一講之後，對整個朝代各種制度的配合和影響，作綜合性的評述。書末還有〈總論〉，概括中國由秦到清二千年間的幾種趨勢：第一，中央政府有逐步集權的傾向；第二，中國傳統政治，造成社會各階層漸趨於平等，但也由於人們太平鋪、太散漫，社會缺乏組織，不能產生力量；第三，皇帝地位和權力日漸提高，而政府權力則日益降低；第四、中國政治制度日益繁密化，乃成病上加病之弊，致中國政治有後不如前的感覺。

正當中國政治日漸退步，走向專制的時候，西方政治則漸趨自由、民主，兩種制度比較之下，相形見絀，中國人不免產生一種自卑感，認為中國政治不如人，從而拼命仿效西方，摒棄中國固有的傳統政治；而外國人則喜用「專制黑暗」四字，簡單地對中國歷來政治予以抹殺。錢穆強調，這兩種思想都是大錯特錯的。

中國政治日漸趨於專制是事實，但絕不能說中國的政治就是「專制黑暗」，錢穆在書中反覆指出這種觀點的不是，他說：「只因我們此刻都不看重歷史，不研究歷史，所以說中國自秦以下兩千年的政治都是一樣，都是專制兩字可包括盡了，其實是不然的。」又說：「任何制度有利有弊，並不是我們的傳統政治，只是專制黑暗，無理性，無法度，都是一切合理性有法度的制度全都該不斷改進，不斷生長。」他更舉出不少事例，證明事實並非想像中的專制黑暗。

本書有一個很好的特色，就是用現今的制度和事實，去解釋以前同類性質和內容的制度，使讀者能易於了解。又用外國的制度和中國的制度互相比較，研究其地域、環境、空間和背景的差異，所以有不同的制度出現。何以這制度在此時此地適用，而施之他時他地，則致失敗收場。本書的目的在於使我們對中西兩個不同的大系統能有徹底的明瞭，作出客觀的結論，而不會用「專制」和「黑暗」等幾個字眼去抹殺一個民族的歷史。

西方制度不一定都好過中國，但錢穆並沒有硬說中國的制度都是好的，而是根據史實作出客觀的評論。漢代的制度大致上是中國歷代中比較好的，清代的制度便壞到不堪設想了，這是中國政治制度的逐漸退步。錢穆把好的壞的都清清楚楚地說出來，完全不是站在一邊說話，可惜因為篇幅關係，未能將中西制度作更深入的比較研究。

錢穆認為，對某一代的制度得失有兩種意見：一是歷史意見，即是在該制度實施時代的人們所切身感受而發出的意見，比較真實而客觀；一是時代意見，即後人憑其所處的環境和需要，來批評歷史上已往的各項制度。我們不能單憑時代意見，而去抹殺已往的歷史意見。本書可貴之處，就是使讀者對歷史的整個觀念糾正過來。

扼要地說，本書的最大優點，就是透過制度的變遷，反映歷代政治得失，從而對歷史有基本的認識。概括全書，可以得出以下數端：首先，就是中國傳統政治並非專制黑暗。一個土地廣大的國家，需要一個皇帝來統治，這是地理環境使然；中國的皇帝其實亦有權力的限制，並不是純然的專制。其次，就是各種制度都不能盡善盡美。況且制度施行日久，流弊愈多，這是由於不能配合社會需要以及人為因素影響，並不是制度本身如此。硬套取別人的現成制度，必不能達到預期的效果。再次，就是中國漢代的制度已經很完備，到後來才逐漸出現走向退步的現象。由此可以知道中國的制度並不比西方落後，別人而今所行的，中國在千多年前就已實行過了。然而中國的制度日趨退步，這是我們應加以警惕的。

還有，就是知道了傳統政治制度的得失之後，應該懂得鑑古知今。錢穆說：「傳統的政治積弊，雖是歷史，同時也還是現實，外貌變了實質仍未變，如何能不仔細研究呢？」

本書原是演講稿，所以文字和用詞都很淺白。錢穆在〈序〉中說想寫一部更詳細的中國政治制度史，只因種種關係而未能完成宿願。錢穆其後致力於思想史、文化史等方面的著述，在制度史方面不曾作更深入和全面性的探討，實在是很可惜的，不過也突顯了此書在錢穆史學中的重要性。

錢穆不斷在書中鼓勵中國人不要因暫時不如人而自卑，又提醒讀者切莫因少許成就而自驕。他說：「羅馬帝國亡了，以後就再沒有羅馬。唐室覆亡以後，依然有中國，有宋有明有現代，還是如唐代般一樣是中國。這是中國歷史最有價值最堪研尋的一個大題目。這也便是唐代之偉大遠超過羅馬的所在，更是它遠超過世界其他一切以往的偉大國家的所在。但專就中國史論，漢以後有唐，唐以後卻再也沒有像漢唐那樣有聲色，那樣值得我們崇拜欣羨的朝代或時期了，那也是值得我們警惕注意的。」這是我們作為中國人，尤其是從事歷史研究工作的人應該仔細思考的。

《中國思想史》

中國有四五千年以上的歷史，又是世界四大文明古國之一，而更可貴的是時至今日，中國仍屹立於世界之林。中華民族數千年來對於宇宙人生的探求和想法，我們怎能夠不知道呢？

宇宙和人生的奧秘的探求，是人類思想中最重要的問題。但宇宙之大，並非一人之力或一代人的力量可以尋得其完全於萬一的；而且，各人由於觀點看法和所處環境的不同，往往只能發現片面的真理，也就產生了不同的流派與學說。中國不過是世界的一部分，但在世界思想史上佔重要的席位。中西思想有很多歧異的地方，可是兩者能夠互相印證，在研究人類發展歷程時，應該二者並重。作為中華民族的成員之一，尤應首先明瞭前人的思想系統，一則加強思考能力，使思維更加嚴密，從而擴闊思想範圍；二則避免蹈前人覆轍，在前人已有成就的基礎上，闡發前人所未發現者，繼續向前邁進。

中國各個時代眾多人物的思想，蘊藏了很多寶貴的意見，但內容十分浩繁，非經長時間的研究是不能透徹明瞭的。錢穆著《中國思想史》一書，可說是這方面不可多得的著作，能將中國思想的淵源及流別，提綱挈領加以說明。內容由春秋中晚期開始，一直說到近代的孫中山。每一時期各舉出重要的幾家，分別扼要地闡明其思想觀，讀後雖未能謂得中國思想史的全貌，然已有一明晰的輪廓。

全書將中國思想分為八個時代，每個時代各舉幾家：（一）春秋時代——子產、叔孫豹、孔子，（二）戰國時代——墨子、楊朱、孟子、莊子、惠施與公孫龍、荀卿、老子、韓非，（三）秦漢時代——《易傳》和《中庸》、《大學》與《禮運》、鄒衍與董仲舒、王充，（四）魏晉時代——王弼、郭象與向秀、東晉清談，（五）南北朝隋唐之佛學——竺道生、慧能、慧能以下之禪宗，（六）宋元明時代——周濂溪、邵康節、張橫渠、程明道、程伊川、朱晦菴、陸象山、王陽明，（七）清代——王船山、顏習齋、戴東原、章實齋，（八）近代——孫中山。

在思想史上，某一時期的思想到達了高潮，必然有一段時期的停滯、醞釀與轉變，然後接踵的，是第二個新思想時代的來臨。而且，一個民族的思想，除了本身的發展之外，外族傳入的思想也起着重要的影響作用。在中國思想史上，思想發展稱得上最高潮的時代共有三期：第一個時期是先秦諸子；兩漢則在停滯醞釀轉變中。第二個時期是佛學傳入，直到隋唐始達高潮；晚唐五代北宋前期，又在停滯醞釀轉變中。第三個時期是宋明理學；清代又是一停滯醞釀轉變期。

而近代西方思想的傳入，更予中國思想一新的刺激，相形之下，中國人的思想態度似乎太平易、太簡單。西方思想突如其來的衝擊，使中國近代現代思想陷於混亂情況之中，錢穆有見及此，在《中國思想史》此書中引用了西方思想與中國思想作一番比較。同時，本書能夠將中國思想史重要的派系、思想家、哲學家和他們的思想體要，有條理的作出敘述和加以批評，對初學者尤有參考價值。綜括來說，此書有下列幾個優點：第一，是層次分明。錢穆將中國思想分為若干時期，再舉出各學派的重要代表及其思想，井井有條；讀者能順着時間的先後，看到思想的發展情形。第二，是輕重適當。對於地位重要和具價值的人物，如孔子、孟子以至近代的孫中山，敘述較為詳盡，不太重要的人物就輕輕帶過，處理大體恰當。第三，是深入淺出。中國思想史關係整個中國歷史、文學，需要有充分的知識基礎始能掌握，本書能夠顧及初學者的困難，敘述如抽絲剝繭，力求深入淺出，又常引述原著，以加深讀者的印象。第四，是構思嚴謹。各家雖分別予以評述，但能彼此呼應和互相印證，清楚明瞭，絕不含糊。作者往往將兩個思想相反的人物拿來比較，務求讀者悉其異同，辨別孰是孰非，進而知所選擇。第五，是評述客觀。錢穆盡量採取客觀態度，避免用一家的思想來批評另一家，讀者可以得到較為中肯的見解。第六，是中西兼顧。本書常於適當地方引用西方思想作為旁證，而又不影響原有的敘述。

有一點我們應該警惕的，就是錢穆在〈例言〉中所說：「無思想之民族，決不能獨立自存於世界之上。思想必有淵源，有生命，無淵源無生命之思想，乃等於小兒學語，不得稱之為思想。今天中國之思想界，正不幸像犯了一小兒學語之病。本書旨在指示出中國思想之深遠的淵源，抉發出中國思想之真實的生命。學者由此窺入，明體可以達用、博古可以通今。庶乎使中國民族之將來，仍可自有思想，自覓出路。幸讀此書者，切勿以知道一些舊公案，拾得一些舊話頭，即為了事。」治思想史者，宜以此為座右銘。

《宋明理學概述》

本書是敘述宋明理學思想體系的專著，敘述的學者多達七十餘人。內容凡五十六篇，開篇討論宋學的興起，強調通過宋學可以認識宋代以來的中國，尤其是近代中國的歷史。錢穆在書中指出宋學的起源，是由於晚唐五代學術思想的衰歇，時代需要新的學術思想，宋學遂應運而生。正如此書的「出版說明」所言：

> 中國思想史上，兩漢以後，儒學漸微，莊、老代興，而佛學東來，遞與日盛。南北朝、隋、唐，遂為佛學之全盛時期。隋唐時有天合、華嚴、禪三宗之佛學中國化，而唐末、五代，佛學則幾全歸入禪宗。然盛極轉衰，繼之則宋學之崛起，而為新儒學之復興，另闢新局。宋初諸儒，其議論識見、精神意氣，有跨漢唐而上追先秦之概。周濂溪以下，轉趨精微，遂為宋明理學開山。

宋學分為三個階段：初期宋學、中期宋學、南渡宋學。胡安定（瑗）與孫泰山（復）開宋學之先河，宋學之復起在於尊師重道，胡瑗是宋代的第一個教育家。在初期宋學諸儒中，還討論了歐陽修、王安石、司馬光、李覯、蘇軾和蘇轍等人的思想。中期宋學包括周張邵程四大家。南渡宋學有朱熹的理學、陸九淵兄弟的心學、陳亮和葉適的事功學派，以及與浙東呂祖謙為代表的史學。在金元的異族統治下，學術思想仍承繼了宋儒，以理學為正宗，儘管統治極短，但也有像許衡這樣的大家，他與劉因是元初北方兩大儒，數十年間，卿大夫皆出許衡名下。儒學在北方復興，實應歸功於許衡等人。

明代學術思想亦分為初期、中期、晚期三個階段。書中在討論明學時，特別注意到兩點：第一，明代學術思想大體沿襲宋學，但是初期宋學的博大開展，及南宋浙東史學的精密細緻，明學都不曾有，明學只承繼了南宋朱陸兩派。第二，明代以王陽明的學術成績最大，王學在中期明學佔絕對的統治地位。晚期明學包括東林黨首領顧憲成、永成兄弟及高攀龍的學術思想，並指出劉宗周是明學的殿軍，其學術承繼了王學，但已具有由王學返朱學的傾向。

此書以朱熹、王陽明的學術思想作為宋明理學發展的最高峰，還討論了事功學派、浙東史學等。內容主要取材於全祖望的《宋元學案》和黃宗羲的《明儒學案》兩書，但取捨詳略、排比條貫都有作者自己的看法。還有，《宋元學案》和《明儒學案》以材料為主，《宋明理學概述》則以各家的學術思想體系

為重，注意到學術思想的衍變承續，尤為本書的特點。【三十四】

錢穆在《宋明理學概述》的〈自序〉中說：「數十年孤陋窮餓，於古今學術略有所窺，其得力最深者，莫如宋明儒。雖居鄉僻，未嘗敢一日廢學。雖經亂離困厄，未嘗敢一日頽其志。雖或名利當前，未嘗敢動其心。雖或毀譽橫生，未嘗敢餒其氣。雖學不足以自成立，未嘗或忘先儒之榘矱，時切其向慕。雖垂老無以自靖獻，未嘗不於國家民族世道人心，自任以匹夫之有其責。」從講學育人到著書立說，都與中華文化緊密地結合起來，畢生所肩負着的，是為「往聖繼絕學」的使命。

必須指出，《宋明理學概述》是一冊承先啟後之作。錢穆在此之前，先撰《中國思想史》一書，對宋明理學作了一番提綱挈領的論述，該書着眼於中國思想史整體，而《宋明理學概述》則專注宋明思想，兩者立旨各有所重。其巨著《中國近三百年學術史》，適與《宋明理學概述》一書的年代相啣接。其後錢穆致力於《朱子新學案》的撰著，復將宋明理學研究推向畢生論述學術思想之頂峰。

第六章　別樹一幟的文化學著作

錢穆的文化學著作，以《中國文化史導論》（一九四八年）、《文化學大義》（一九五二年）、《湖上閒思錄》（一九六〇年）三書為代表。他認為「文化學」一門，此後必將成為學術思想中的主要科目。相關的書籍，還有《文化與教育》（一九四二年）、《民族與文化》（一九六〇年）等。錢穆晚年遷居台北後，陸續有這方面的論述發表。可見文化史以至文化學，一直是錢穆重視的。

《文化學大義》

《文化學大義》是錢穆一九五〇年的講演稿，分為八個部分，依次是文化學的意義、內涵、層次、類型、要素、東西文化比較、文化的衰老與新生、世界文化的遠景，並有三篇附錄。

錢穆首先把文化學的意義提升到密切關係國家前途命運的高度，認為文化若有弊病，就會給國家、民族和世界帶來不幸和痛苦，因此必須重視文化學的研究。進而指出：文化包括建築、語言、宗教等多個部分，是人類生活的全體，有其傳統性、綜合性和融合性。

文化可以分為三個層次：一、自然和物質的層次，二、社會和政治的層次，三、精神和心靈的層次。這三個層次從人的自然需要，到人的群體關係，再到人的觀念理性，逐一提高，而三者之間又有着緊密的聯繫，較高的層次以較低的層次為基礎，而又超越了較低的層次。

文化有二大類型：一是農業文化類型，一是游牧、商業文化類型。把游牧文化與商業文化合為一個類型，是作者的獨特見解。

文化有七個要素，包括經濟、政治、科學、宗教、道德、文學、藝術，這七個部門代表了文化形態的主要方面，由於各國對這七個要素的側重有所不同，因而形成了各國之間的文化差異。《文化學大義》一書還分析了中國各方面的條件和特點，認為中國文化最為穩固，也最有發展前途，但主要問題是缺乏科學。因此，中國文化一方面要發揚優良傳統，一方面要吸收西方科學，使中國文化成為世界文化中的一個重要組成部分。總的來說，本書被評為文化學的一部佳著。【三十五】

一九八七年，錢穆在《文化學大義》的〈再版序〉中，指出：「異地有變，異時有變，人之一心則只在此方寸間。舉世十幾兆人之心，大體亦約略相同，儼如一心。上下三四千年間，古今人心亦如此。余之根據把捉，即在此心。故可以暢言天下事，暢言數十年百年間事，而仍如在吾胸之方寸間。中國文化之所以可大可久者正在此，而又何足詫異之有。」又說：

以今日之大勢言，則舉世之此心，為外面之帝國主義、資本主義剝奪侵佔以去，已不知其幾何世矣！然而天賦此心，乃人之常新，自然日新而不絕。今日帝國主義、資本主義方將日告衰竭，而此心則依然如故。人不能自見己心，而此心之在外，則猶鏡可鑑。吾中華五千年相傳之文化傳統即不啻如一鏡。讀者試反忖之己心，外覘世變，則必有其體悟之所在矣。余誠不勝其深企之。

《中國文化史導論》

中國文化悠遠而豐厚，近年來不僅是中國人熱烈討論的課題，全世界關心人類文化前途者，對此亦多措意。中國文化的具體表現，已見於往昔的歷史過程中；因此，研究歷史，不能不首先明瞭文化背景，而欲徹底明瞭中國文化，不能不借助有系統的著作。錢穆的《中國文化史導論》，乃從全部歷史的客觀方面來指陳中國文化的真相。作者在〈弁言〉中指出，研究一國文化應注意三方面：第一，應明白文化的複雜性，通視其大體；第二，應明白文化的完整性，由物質生活到集體生活，如社會、政治組織以及內心生活，如文學、藝術、宗教信仰、哲學思維；第三，應明白文化的發展性，對整個文化精神有較客觀、平允的估計及認識。

此書敘述的內容，大抵依照時代的進展次序，選取各時期最重要的部分，亦能顧及中國文化的複雜性、完整性和整體發展。全書分為十章，而又各有聯繫，務使讀者可以得出系統的概念，各章題目如下：一、〈中國文化之地理背景〉，二、〈國家凝成與民族融和〉，三、〈古代觀念與古代生活〉，四、〈古代學術與古代文字〉，五、〈文治政府之創造〉，六、〈社會主義與經濟政策〉，七、〈新民族與新宗教之再融和〉，八、〈文藝美術與個性伸展〉，九、〈宗教再澄清民族再融和與社會文化之再普及與再深入〉，十、〈東西接觸與文化更新〉。中國文化的演進和趨勢，千頭萬緒，這本不到二百頁的小書能夠描繪出一個明確的輪廓，實在難能可貴。

文明與文化兩辭的意義，每多混亂。錢穆說：「大體文明文化，皆指人類群體生活而言，惟文明偏在外，屬於物質方面。文化偏在內，屬於精神方面。故文明可以向外傳播，向外接受，文化則必由其群體內部精神積業而產生。」人類文化，可分為三型：一是遊牧文化，二是農耕文化，三是商業文化。中國屬於農業文化，又是一個文化發展很早的國家，而且比較孤立，主要是由於地理環境的影響。中國史以一貫的民族傳統和一貫的國家傳統而緜延數千年，因此而有層層的團結和步步的展擴。

中國民族原是由多數族系經過長時期的接觸融和而漸趨統一的，由於涵攝性特強，故能不斷的吸收、融和與擴大。中國古代人並不存着極清楚顯明的民族界線，多不抱狹義的國家觀念。錢穆指出，中國民族是一個崇尚實際的民族，因此其政治性與歷史性的散文早已發展成熟，而後始有抒情文學的出現。古代學術，本為貴族所專有，到孔子以後，漸開了平民學術的風氣。

中國歷史上傳統的對外政策，主要為和平與融洽，而不在武力與擴張；常在大同文化世界的實現，而不是偏狹的帝國主義之發展。錢穆認為，中國人建立世界政府的三大進程，首先，是秦始皇代表中國第一個郡縣制統一政體的開始；其次，是漢高祖代表平民為天子的統一政府的開始；再次，是漢武帝代表第一個文治的統一政府的開始。魏晉南北朝是中國史上一個中衰時期，在此期間有兩個特徵，其一是新民族的混雜；其二是新宗教的傳入，佛教在這時期傳佈至盛。不過，新分子的加入，只引起中國社會秩序的重新調整；宗教新信仰的傳入，只擴大了中國思想領域的疆界。

接着是隋唐復興的盛運，經濟文物達到頂點，奠定了文學藝術方面一切人文創造的基礎。唐代的文學藝術有二大趨勢，一是由貴族階級轉移到平民社會，另一是由宗教方面轉移到日常人生。作者強調，漢代人對於政治社會的種種計劃，唐代人對於文學藝術的種種趣味，為中國文化史上的兩大骨幹。政治社會的體制，安定了人生的共通部分；文學藝術的陶冶，滿足了人生的獨特部分。中國後代人常以漢唐並稱，這亦是一個主要的意義。

錢穆進而指出，中國文化的進向與西方不同。西方國家是向外征服的，中國則是向心凝結的。所以，中國文化常由大處着手，佈了一個大局，再逐步融凝固結，向內裏充實。宋元以下，在中國文化史上值得大書特書的，有下列數端：（一）宗教思想之再澄清；（二）民族之再融和；（三）社會文化之再普及與再深入。唐代的美術與工藝，多帶富貴色彩，有誇耀奮張的局面。到宋代則完全純淨素樸化、精神化了。中國雖則是一個較孤立的國家，但亦難免與西方文化接觸，第一次是印度，第二次是波斯阿剌伯，第三次是歐洲。近一千年來的中國，文化自身有不少弱徵暴露，而又遇到一個純然新鮮的歐美文化，比較之下，中國便越覺相形見絀了。

大致上說，中國文化的演進，大略可以分成下列三個時期：第一期是先秦以上。天下太平、世界大同的基本理想，在此期建立；同時完成了民族融和與國家凝成的大規模，為後來文化衍進的根據。第二期是秦漢隋唐。民主精神的文治政府，經濟平等的自由社會，漸漸實現；而政治社會一切規模及制度，亦能規劃出一大輪廓。第三期是宋元明清。個性伸展在不背反融和大全的條件下，盡量發展成熟。在這時期之中，文學與藝術方面顯著的發達。以上三時期，可以概括為：（一）宗教與哲學時期，（二）政治與經濟時期，（三）文學與藝術時期。自此以下，國人所面臨的將來，是科學與工業時期，即注意四圍的物質環境以盡量改善及利用。中國文化在長遠的歷史中，不免產生若干變異與轉換，而整體上來說，是在不斷的推擴與充實。

末尾〈東西接觸與文化更新〉一章尤為全書的精彩部分。這關乎現代中國人的切身問題，作者能夠針對時弊，作了較中肯的評論，指示今後中國文化的趨向以及應走的路線。作者說：「中國人當前遇到了兩個問題，第一如何趕快學到歐美西方文化的富強力量，好把自己國家和民族的地位支撐住。第二是如何學到了歐美西方文化的富強力量，而不把自己傳統文化以安足為終極理想的農業文化之精神斲喪或戕伐了。換言之，即是如何再吸收融和西方文化而使中國傳統文化更光大與更充實。」又說：「中國人深感到自己傳統的一套和平哲學與天下太平世界大同的文化理想，實在對人類將來太有價值了，而中國的現狀，又是太貧太弱。除非學到西方人的科學方法，中國終將無法自存，而中國那套傳統的文化理想，亦將無法廣播於世界而為人類造幸福，中國人在此兩重觀念下，始從內心真誠處發出一種覺悟，這是中國傳統文化所負最大使命之覺悟。」

近百年來，西方的科學極度發展，自然科學一日千里，人文科學則日見不能趕上。中國文化所保有的，正是今後人類社會不能缺乏的，錢穆在〈弁言〉中這樣說：「中國為舉世惟一的農耕和平文化最優秀之代表，而其所缺者，則為新機械之裝備。然則中國之改進，使其變為一嶄新的大型農國而依然保有其優度之安足感，實不僅為中國一國之幸，抑於全世界人類文化前程以及舉世渴望之和平，必可有絕大之貢獻。」在二十一世紀今日，尤要佩服其識見。

總的來說，《中國文化史導論》此書不僅能使讀者對中國文化有深切的認識，掌握其發展趨勢，亦可藉此比較中西文化的不同，從而確立今後應走的路向，世界文化大同的理想，相信中國可以作出承擔

和貢獻。本書篇幅雖然不多，但列述翔實，影響甚遠，足資參考。【三十六】

《湖上閒思錄》

一九四八年，錢穆在上海《申報》副刊《學津》開始發表《湖上閒思錄》，但只刊出五篇，《學津》就停辦了。一九五九年秋，全稿交由香港《人生雜誌》陸續發表，翌年由人生出版社結集為《湖上閒思錄》一書刊行。

錢穆在完成《國史大綱》後，興趣從歷史逐漸轉移到文化問題上。《中國文化史導論》就《國史大綱》所標㮣之文化意識及其所致意的各環節，作進一步較系統的發揮。其後他在《湖上閒思錄》的〈再跋〉中說：「歷史限於事實，可以專就本己，真相即明。而文化則寓有價值觀，必雙方比較，乃知得失。余在成都始寫《中國文化史導論》一書，此為余對自己學問有意開新之發端。」《湖上閒思錄》是錢穆繼《中國文化史導論》之後，探討中西文化比較的著作，此書是他在無錫江南大學任教時，目睹國事日益動盪，於太湖邊自求寧靜，撰文三十篇，從人文與自然說起，而止於價值觀與仁慈心。

其他有關文化的著作

《民族與文化》分「講義之部」與「講辭之部」，前者包括上篇〈中華民族之成長與發展〉、下篇〈中國歷史演進與文化傳統〉各三篇，後者大抵亦以此二主題作扼要說明。書中認為「民族」與「文化」兩名詞乃近代中國人所傳譯的西方語，中國上古實早已有之，「民族」乃中國所謂之「血統」，「文化」乃中國所謂之「道統」。《全集》關於此書的〈出版說明〉指出：

由此民族創造此文化，但非此文化亦無由完成此民族。中國人主張文化之意義與價值更高於民族，其中涵義弘深，深值國人重加研討。

《文化與教育》一書，原是錢穆在抗戰時期隨北大遷往後方期間，在昆明、成都撰寫的討論時事文章，發表後結集成書，一九四二年由重慶國民出版社出版。分為文化、教育兩卷，共二十篇，當時物力維艱，紙張、印刷均欠佳，字跡模糊，通稱為「國難版」。《全集》收錄此書時，添加了後來在香港寫成的一些文章，包括〈當前的香港教育問題〉、〈香港專上教育瞻望〉及在中學畢業典禮上的講辭等。錢穆在不同時期對教育的看法，於此書中可見一斑。

《中國文學講演集》

一九六三年，錢穆因香港人生雜誌社王道的敦促，將積年有關中國文學的演講稿及筆記十六篇，編成《中國文學講演集》，交由人生雜誌社出版，一九八三年重編此書，增加了十四篇文章，總共三十篇，改名《中國文學論叢》，交由台北東大圖書公司出版。錢穆自幼酷嗜文學，至老興趣不衰，惟生平專門探討文學的論著，則僅此一書而已。《錢賓四先生全集》收錄此書時，追補錢穆早年所作的三篇文章。

錢穆在新亞書院曾講授「中國文學史」科目，授課內容後由葉龍整理成書，題為《錢穆講中國文學史》，由香港商務印書館於二〇一五年出版。此書由中國文學的起源講起，一直講到明清章回小說，共有三十一篇，可以與《中國文學論叢》一併閱讀。

第三篇　從文化弘揚到國學傳承

——廣大出胸襟，悠久見生成

一九六四年七月，錢穆向新亞董事會辭去新亞書院院長之職，董事會允其於次年正式辭職；當時他七十歲，擇居青山灣，計劃撰寫《朱子學案》。翌年六月正式卸任，推卻南洋大學商請任校長，應允馬來亞大學的聘請，於七月赴吉隆坡講學。《朱子學案》後來定名為《朱子新學案》，要了解這本書，以及錢穆撰寫此書的動機，可以上溯到此前的《宋明理學概述》；探討錢穆晚年的學術思想和人生態度，則不妨從《朱子新學案》講起。

教育與文化會通，是錢穆人生的第三個階段。民族精神的提升，加上對生命的體悟，使他的學術臻於頂峰，終於成就了文化長河裏的一代國學宗師。《新亞校歌》是這樣開始的：「山巖巖，海深深，地博厚，天高明，人之尊，心之靈。廣大出胸襟，悠久見生成。珍重珍重，這是我新亞精神。」錢穆在世時出版的最後一本書是《新亞遺鐸》，可見他晚歲懷念新亞書院之情。

第七章 《朱子新學案》及錢穆晚年學術活動

錢穆以七年時間寫成的《朱子新學案》，是他繼《先秦諸子繫年》之後的巨著，而與其《中國近三百年學術史》，則有承先啟後的脈絡關係。卸下繁重的行政職務後，他就開始構思一部大書，《朱子新學案》是其學術思想史的頂峰之作，更是錢穆學術譜系的核心。

錢穆晚年講學和著述不輟

一九六六年二月，錢穆因胃病提前返港，住沙田舊居，日夜寫《朱子新學案》。是時中國內地發生「文化大革命」，香港難民潮起，錢穆決定遷居台灣。一九六七年十月至台北，初住市區金山街；翌年七月，遷入士林外雙溪臨溪路七十二號素書樓。錢穆晚年還在素書樓講學，如經學大要等。

錢穆遷居台灣後，任私立文化大學教授，旋又聘為台北故宮博物院研究員，講學、著書，出版不輟。此後二十多年間，曾數次返回香港，計有：一九六九年九月，為新亞書院二十週年紀念獻詞；一九七七年夏，香港中文大學新亞書院設「錢賓四先生學術文化講座」，錢穆應允為第一次講者；一九七八年十月，講「從中國歷史來看中國民族性及中國文化」（共有六講）；一九八四年七月，到香港，門人為祝九十壽辰；一九八九年九月，到香港出席新亞書院創校四十年校慶。一九九〇年八月三十日在台北逝世，享年九十六歲。

一九七九年，《從中國歷史來看中國民族性及中國文化》分別由香港中文大學出版社和台北聯經出版事業公司出版，這是錢穆晚年最重要的一次講演結集刊行，綜合了他對歷史與文化的看法。錢穆學術譜系從國學出發，以學術思想為主軸，歷史和文化分別為兩翼，規模至此完備。（圖）

關於《朱子新學案》

錢穆開始撰寫《朱子新學案》，是一九六六年從馬來亞大學講學回港之後，當時他已七十二歲；成書則在一九六九年，當時他七十五歲，寓居台北。一九七一年九月在台北自印此書，後收入《錢賓四先生全集》第十一冊至十五冊。

《朱子新學案》共五冊，第一冊的前半是《朱子學提綱》，是他在完成全書後撰寫的，可以作為總論。全書引文有四、五千條，洋洋一百五十萬字。第一冊的內容，還包括朱子論理氣、無極太極、陰陽、鬼神、仁（上）、天人、聖賢、善惡、天理人欲、道器、體用。

《朱子新學案》第二冊的內容，始於朱子論性，終於朱子論格物；第三冊自〈朱子從遊延平始末〉

錢穆學術譜系圖

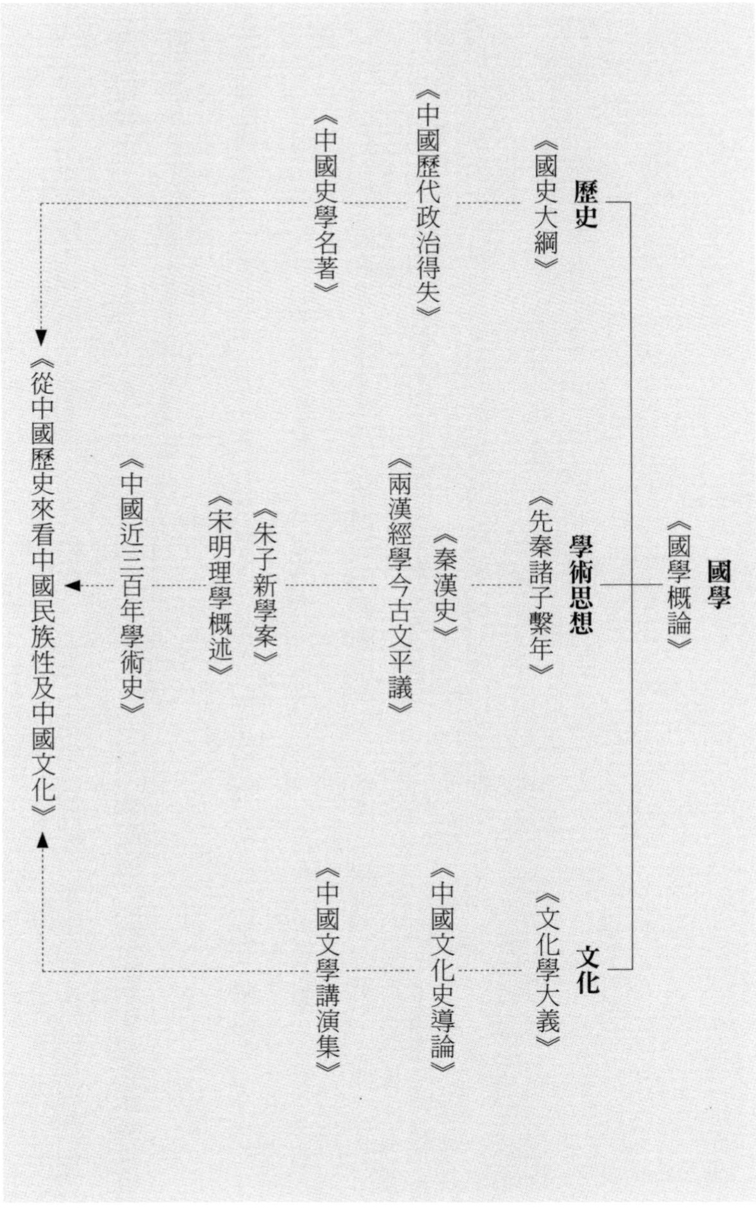
國學
《國學概論》
歷史
《國史大綱》
《中國歷代政治得失》
《中國史學名著》
學術思想
《先秦諸子繫年》
《秦漢史》
《兩漢經學今古文平議》
《朱子新學案》
《宋明理學概述》
《中國近三百年學術史》
文化
《文化學大義》
《中國文化史導論》
《中國文學講演集》
《從中國歷史來看中國民族性及中國文化》

起，至〈朱子論學雜輟〉；第四冊主要闡述朱子之經學，並有〈朱子論解經〉及〈朱子與二程解經相異〉等篇；第五冊論朱子之史學、文學、校勘學、辨偽學、考據學及格物遊藝之學，附朱子年譜要略及小目要旨索引。

錢穆此書不僅論述了朱熹學術思想，而且系統梳理了朱子思想資料，夾敘夾議，精微邃密。書中突出了朱熹在中國思想史後半期的重要歷史地位，連帶解決了朱子卒後七百多年來學術思想史上爭論不休、疑而未決的一些重要問題。舉例來說，用理氣一體渾成的道理解決了學者對理氣二元或一元的爭論，也用心性一體兩分的道理打破了思想界關於程朱與陸王的門戶之見。【三十七】他把朱熹作為百科全書式人物的形象再現出來，這是《朱子新學案》超越前人同類著作的關鍵所在。

第八章　史學與文化、《論語》與孔子

歷史與文化是錢穆學術譜系的兩翼，學術思想則為其主體；據講稿寫成的《從中國歷史來看中國民族性及中國文化》，可視為錢氏生平講學的總結性發言。《論語》是他非常重視的一部書，他對孔子的敬意，在《孔子與論語》等著作中，充分地表現出來。指錢穆為新儒家的觀點是有爭議性的，視他為國學大師則不失其史學家的立場。

《中國史學名著》

一九七三年出版的《中國史學名著》上、下冊，是錢穆晚年較重要的著作之一。這是他在台北中國文化學院歷史研究所為博士班學生講學的記錄，每講舉述代表性的史學著作一二種，凡二十二講，旨在指引學生研究史學的門徑。第一至四講敘述《尚書》、《春秋》和「春秋三傳」，尤詳於《左傳》（附《國語》、《國策》）；接着以三講專論《史記》，然後是《漢書》、《後漢書》和《三國志》；較特別的是以一講綜論東漢到隋的史學演進，又以一講介紹《高僧傳》、《水經注》和《世說新語》。

此書後半部依次論述劉知幾《史通》、杜佑《通典》（附吳兢《貞觀政要》）、歐陽修《新五代史》與《新唐書》、司馬光《資治通鑑》、朱子《通鑑綱目》與袁樞《通鑑紀事本末》、鄭樵《通志》、馬端臨《文獻通考》，最後以三講闡論黃梨洲的《明儒學案》、全謝山的《宋元學案》，並從黃、全兩學案講到章實齋的《文史通義》。在同類的著作中，錢穆此書有其特色和見地。

《中國史學發微》

一九八九年出版的《中國史學發微》，大部分是他晚年發表的史學綱領，屬探本窮源之作，極簡要而玄通。正如該書的出版說明所稱：「讀者即係初學，可以由此得其門戶；中人可以得其道路；老成可以得其歸極。」

據《全集》本，此書共有十三篇：一、〈國史漫話〉，二、〈中國史學之精神〉，三、〈史學導言〉，四、〈中國歷史精神〉，五、〈中國文化特質〉，六、〈中國民族性與中國文化之特長處〉，七、〈歷史與人物〉，八、〈中國史學中之文與質〉，九、〈民族歷史與文化〉，十、〈中國教育思想史大綱〉，十一、〈略論中國歷史人物之一例〉，十二、〈國史館撰稿漫談〉，十三、〈世界孔釋耶三教〉。

闡述中國文化的著作

錢穆遷居台北之後出版的著作中，關於中國文化方面的計有《中華文化十二講》（一九六八年）、《中國文化叢談》（一九六九年）、《中國文化精神》（一九七一年）、《世界局勢與中國文化》（一九七七年）和《歷史與文化論叢》（一九七九年）。這些主要都是在各地演講的講辭，正如錢穆在《歷史與文化論叢》中所說，「庶使讀者於吾民族之已往歷史與其固有文化，易於獲得其認識，為此下吾民族自救自拔之張本。方今吾國人方竭意求變求新，然一切變化必有其不變者為之基礎，一切新亦必有其舊為之根源。」

一九七八年，香港中文大學新亞書院成立「錢賓四先生學術講座」，並迎請錢穆返新亞書院講學，連續六次，講稿於翌年集成一書出版，名為《從中國歷史來看中國民族性及中國文化》，當時錢穆已八十五歲。此書仍本於早年《中國文化史導論》的精神，旨在通過中國歷史，經由中西比較，以求對中國的民族性有更明瞭認識，並對中華民族所展演的文化有更深切的體認和珍重。錢穆自謂：「此實余近三十年嚮學——總題。」六講之中，前四講分別講中國人的性格、行為、思想，從人生的三方面切入，對中國人作深層的闡述；第五講分析中國人的文化結構，指明中國文化的特殊趨向；錢穆於第六講期望中國之新「士」，能於歷史舊傳統中加入新時代精神，以開國家民族之新機，情意深厚。

從讀《論語》到尊崇孔子

錢穆最尊崇的古代聖人是孔子，在不同的人生階段都有講述孔子與《論語》的著作。一九一八年出版他的第一本專書《論語文解》時，他才二十四歲；接着在一九二五年三十一歲時，出版了《論語要略》。到一九六三年在香港出版《論語新解》，已是六十九歲了。此書納入最精當的古注，並適度地將古今異說列於書中供讀者選擇，錢穆又作出了自己的選擇和說明理由，至今仍是通行的《論語》讀本。【三十八】錢穆其後在台灣，於一九七四年和一九七五年出版了《孔子與論語》和《孔子傳》。錢穆強調《論語》是中國人必讀的，將來也應是世界上人人必讀之書，他在《從中國歷史來看中國民族性及中國文化》中說：

我們讀《論語》，不是一讀便易懂。或許我們一輩子讀它，還沒有真懂。所以中國人講思想，必兼有行為在內。如我在想孔子，即我在學孔子。學問、思想、行為是連在一起的。我在想孔子之所想，我在學孔子之所學，我要行孔子之所行。

論者指出，錢穆在《論語要略》、《國學概論》、《先秦諸子繫年》三書中所作的孔子論述，與當時學術界最大的不同點是，他要超越學派之間的門戶和壁壘，擺脫尊孔與反孔的政風和學風的羈絆，以慎疑為始，以考信為終，把孔子一生的重要事跡及其學術思想與人格風範科學而平實地寫出來。將錢穆的孔子傳略謂為民國以來最堪信任的一部，當不為過。【三十九】

錢穆是新儒家嗎？

方克立、李錦全主編《現代新儒家學案》（北京：中國社會科學出版社，一九九五年）中有羅義俊著〈錢穆學案〉，將錢穆作為現代新儒家的一員；宋宣德著《新儒家》（台北：揚智文化事業股份有限公司，一九九四年），亦有相同說法。但也有人持反對意見，認為錢穆並非新儒家。

余英時認為，錢穆的儒學觀有兩個層次：一個是歷史事實的層次，一個是信仰的層次。就後者而言，可以說儒家是錢穆終身遵奉的人生信仰，始終堅信儒家價值系統對社會對個人都有潛移默化的積極功能。但錢穆決不是新儒家，余英時說：「我認為把新儒家的名號加在錢先生身上，並不是褒揚錢先生，而是局限了錢先生。」他進而指出：

錢先生是浩博寬豁的通儒，不是在牛角尖裏作文章的酸腐書生，這也使他從來與門戶無緣。但治學不立門戶，卻不能沒有宗主。錢先生治學的宗主，我認為就是立志抉發中國歷史和文化的主要精神及其現代意義，這一精神貫穿於他的全部著述之中。【四十】

一代大師的治學規模

錢穆不僅是一位史學家，更是一位通人，譽之為「大通人」，實當之無愧。他一生的學術研究具有傳統的國學特點，集文史哲於一身，其歷史著作充滿哲學的智慧和文學的風采，並以史學立場淹通四部。《劉向歆父子年譜》以史證經，破除門戶；《先秦諸子繫年》以史證子，自成系統；《中國文化史導論》以史論文，弘揚傳統；《朱子新學案》以史闡理，還原朱熹。

錢穆對朱子的研究，仍是以歷史的眼光，從歷史分析、歷史考據等方面入手，實事求是，摒棄門戶，以純然客觀的態度研究朱熹。他在《朱子學提綱》中指出：「若欲述明朱子學之真相，則莫如返求朱子之書」，亦即是說，「依朱子所以教人讀書為學之方，以讀朱子之書，求朱子之學。」對錢穆的研究，亦曰如是，如欲述明錢穆史學的真相，莫如依錢穆所以教人讀書為學的方法，以讀錢穆之書，求錢穆之學。

余英時的長文〈錢穆與新儒家〉從交遊和學術兩方面討論了錢穆與新儒家的關係。他強調兩者之間除了最低限度的共同綱領——闡明中國文化的特性——之外，真是「所同不勝所異」，不可能屬於同一「學派」是顯而易見的；尤其重要的是，他們的分歧恰恰發生在對中國文化的理解上面，這正是章學誠所說是「千古不可合之異同」。【四十一】

第九章 《錢賓四先生全集》如何讀起

錢穆一生著作甚多，涉及中國歷史多個方面，由通論性著作到考證專書都有，大體都收錄於《錢賓四先生全集》之中。錢穆史學體系，至此宏備。而於至全之中，亦應知其脈絡，求其至精，嚴耕望指出：「先生的學問，從子學出發，研究重心是學術思想史，從而貫通全史，所以重要著作除《國史大綱》外，如《劉向歆父子年譜》、《先秦諸子繫年》、《（中國）近三百年學術史》、《莊子纂箋》、《朱子新學案》都關乎學術思想，晚年自編文集，也以學術思想史論文為最多。」【四十二】

《錢賓四先生全集》的刊行

《錢賓四先生全集》共五十四冊，是錢穆逝世後數年，由台北聯經出版事業公司於一九九八年出版，其經過見於〈錢賓四先生全集編後語〉。第五十四冊為全集總目，並有總目次及索引，各種著作除出版說明外，還收錄原著的序跋等。因此，要扼要了解全面的構成和內容，宜先取總目閱覽，得悉其編排大概，並查考各種著作刊行的年份（後表）。據此可以製作兩個材料，一是錢穆著作繫年，一是錢穆著作分類，則錢穆史學的規模已大體具備了。

《錢賓四先生全集》所收專著初出一覽表

全集冊次	全集目錄	初出年份	出版機構
一	國學概論	一九三一	長沙：商務印書館
二	四書釋義	一九五三	台北：中華文化出版事業委員會
二	論語文解	一九一八	上海：商務印書館
三	論語新解	一九六三	香港：新亞研究所
四	孔子與論語	一九七四	台北：聯經出版事業公司
四	孔子傳	一九七五	台北：綜合月刊社
五	先秦諸子繫年	一九三五	上海：商務印書館
六	墨子	一九三一	上海：商務印書館
六	惠施公孫龍	一九三一	上海：商務印書館

全集冊次	全集目錄	初出年份	出版機構
六	莊子纂箋	一九五一	香港：東南出版社
七	莊老通辨	一九五七	香港：新亞研究所
八	兩漢經學今古文平議	一九五八	香港：新亞研究所
九	宋明理學概述	一九五三	台北：中華文化出版事業委員會
一〇	宋代理學三書隨劄	一九八三	台北：東大圖書公司
一〇	陽明學述要	一九三〇	上海：商務印書館
一一—一五	朱子新學案（一—五）	一九七一	台北（自印本）
一六、一七	中國近三百年學術史（一—二）	一九三七	上海：商務印書館
一八—二三	中國學術思想史論叢（一—一〇）	一九七六—一九八〇	台北：東大圖書公司
二四	中國思想史	一九五二	台北：中華文化出版事業委員會

全集冊次	全集目錄	初出年份	出版機構
二四	中國思想通俗講話	一九五五	香港（自印本）
二四	學籥	一九五八	香港（自印本）
二五	中國學術通義	一九七五	台北：學生書局
二五	現代中國學術論衡	一九八四	東大圖書公司
二六	周公	一九三一	上海：商務印書館
二六	秦漢史	一九五七	香港（自印本）
二七、二八	國史大綱（上、下）	一九四〇	上海：商務印書館
二九	中國文化史導論	一九四八	上海：正中書局
二九	中國歷史精神	一九五二	印尼：耶加達天聲日報
三〇	國史新論	一九五一	香港、台灣（自印本）

全集冊次	全集目錄	初出年份	出版機構
三一	中國歷代政治得失	一九五二	香港（自印本）
三一	中國歷史研究法	一九六一	香港：孟氏教育基金委員會
三二	中國史學發微	一九八九	台北：東大圖書公司
三二	讀史隨劄	一九三九—一九四〇	一九九六後整理成書
三三	中國史學名著	一九七三	台北：三民書局
三四、三五	史記地名考（上、下）	一九六六	香港：開明書店
三六	古史地理論叢	一九八二	台北：東大圖書公司
三七	文化學大義	一九五二	台北：正中書局
三七	民族與文化	一九六〇	台北：聯合出版中心
三八	中華文化十二講	一九六八	台北：三民書局

全集冊次	全集目錄	初出年份	出版機構
三八	中國文化精神	一九七一	台北：三民書局
三九	湖上閒思錄	一九六〇	香港：人生出版社
三九	人生十論	一九五五	香港：人生出版社
四〇	政學私言	一九四五	重慶：商務印書館
四〇	從中國歷史來看中國民族性及中國文化	一九七九	台北：聯經出版事業公司 香港：中文大學出版社
四一	文化與教育	一九四二	重慶：國民出版社
四二	歷史與文化論叢	一九七九	台北：東大圖書公司
四三	世界局勢與中國文化	一九七五／一九七七	台北：郵政總局／台北：東大圖書公司
四四	中國文化叢談	一九六九	台北：三民書局

全集冊次	全集目錄	初出年份	出版機構
四五	中國文學論叢（原名《中國文學講演集》）	一九八三（一九六三）	台北：東大圖書公司（香港：人生雜誌社）
四六	理學六家詩鈔	一九七四	台北：台灣中華書局
四六	靈魂與心	一九七六	台北：聯經出版事業公司
四七	雙溪獨語	一九八一	台北：台灣學生書局
四八、四九	晚學盲言（上、下）	一九八七	台北：東大圖書公司
五〇	新亞遺鐸	一九八九	台北：東大圖書公司
五一	八十憶雙親師友雜憶合刊	一九八三	台北：東大圖書公司
五二	講堂遺錄	一九四六後	一九九六後整理成書
五三	素書樓餘瀋	╲	一九九六後整理成書
五四	總目	╲	包括全集總序目、總目次、索引

錢穆著作繫年

（一）中國內地時期

一九一八年《論語文解》，上海：商務印書館。

一九三〇年《陽明學述要》，上海：商務印書館。

一九三一年《周公》，上海：商務印書館。

一九三一年《國學概論》，長沙：商務印書館。

一九三一年《惠施公孫龍》，上海：商務印書館。

一九三一年《墨子》，上海：商務印書館。

一九三五年《先秦諸子繫年》，上海：商務印書館。

一九三七年《中國近三百年學術史（一——二）》，上海：商務印書館。

一九三九——一九四〇年《讀史隨劄》，一九九六後整理成書。

一九四〇年《國史大綱（上、下）》，上海：商務印書館。

一九四二年《文化與教育》，重慶：國民出版社。

一九四五年《政學私言》，重慶：商務印書館。

一九四六年後《講堂遺錄》，一九九六後整理成書。

一九四八年《中國文化史導論》，上海：正中書局。

（二）寓居香港時期

一九五一年《國史新論》，香港、台灣（自印本）。

一九五一年《莊子纂箋》，香港：東南出版社。

一九五二年《中國思想史》，台北：中華文化出版事業委員會。

一九五二年《中國歷代政治得失》，香港（自印本）。

一九五二年《中國歷史精神》，印尼：耶加達天聲日報。

一九五二年《文化學大義》，台北：正中書局。
一九五三年《四書釋義》，台灣：中華文化事業委員會。
一九五三年《宋明理學概述》，台北：中華文化出版事業社。
一九五五年《人生十論》，香港：人生出版社。
一九五五年《中國思想通俗講話》，香港（自印本）。
一九五七年《秦漢史》，香港（自印本）。
一九五七年《莊老通辨》，香港：新亞研究所。
一九五八年《兩漢經學今古文平議》，香港：新亞研究所。
一九五八年《學篇》，香港（自印本）。
一九六〇年《民族與文化》，台北：聯合出版中心。
一九六〇年《湖上閒思錄》，香港：人生出版社。
一九六一年《中國歷史研究法》，香港：孟氏教育基金委員會。

一九六三年《論語新解》，香港：新亞研究所。
一九六三年《中國文學講演集》，香港：人生雜誌社。
一九六六年《史記地名考（上、下）》，香港：開明書店。

（三）居留台北時期

一九六八年《中華文化十二講》，台北：三民書局。
一九六九年《中國文化叢談》，台北：三民書局。
一九七一年《中國文化精神》，台北：三民書局。
一九七一年《朱子新學案（一—五）》，台北（自印本）。
一九七三年《中國史學名著》，台北：三民書局。
一九七四年《孔子與論語》，台北：聯經出版事業公司。
一九七四年《理學六家詩鈔》，台北：台灣中華書局。

一九七五年《中國學術通義》，台北：學生書局。
一九七五年《孔子傳》，台北：綜合月刊社。
一九七五／一九七七年《世界局勢與中國文化》，台北：郵政總局／台北：東大圖書公司。
一九七六年《靈魂與心》，台北：聯經出版事業公司。
一九七六——一九八〇年《中國學術思想史論叢（一——一〇）》，台北：東大圖書公司。
一九七九年《從中國歷史來看中國民族性及中國文化》，台北：聯經出版事業公司／香港：中文大學出版社。
一九七九年《歷史與文化論叢》，台北：東大圖書公司。
一九八一年《雙溪獨語》，台北：台灣學生書局。
一九八二年《古史地理論叢》，台北：東大圖書公司。
一九八三年《八十憶雙親師友雜憶合刊》，台北：東大圖書公司。
一九八三年《中國文學論叢》（原名《中國文學講演集》），台北：東大圖書公司。

一九八三年《宋代理學三書隨劄》，台北：東大圖書公司。
一九八四年《現代中國學術論衡》，台北：東大圖書公司。
一九八七年《晚學盲言（上、下）》，台北：東大圖書公司。
一九八九年《中國史學發微》，台北：東大圖書公司。
一九八九年《新亞遺鐸》，台北：東大圖書公司。

錢穆著作分類

《錢賓四先生全集》的編排次序，大抵已就錢穆一生的著作加以分類，通論在前，專著在後。

一、《國學概論》開其端，《四書釋義》繼其緒，然後是《論語文解》、《論語新解》、《孔子與論語》及《孔子傳》，錢穆講先秦諸子是從孔子生年開始的，《先秦諸子繫年》可以說是這一組著作的高峰之作。上述著作，見《全集》第一冊至第五冊。

二、《全集》第六冊至第十冊，包括《墨子》、《惠施公孫龍》、《莊子纂箋》、《莊老通辨》、《兩漢經學今古文平議》，以《宋明理學概述》、《宋代理學三書隨劄》為重心，《陽明學述要》為其殿後。錢穆論宋明理學，最推崇朱子，《朱子新學案》是他晚年最重要的著作，收入《全集》第十一冊至第十五冊中。篇幅至鉅，獨立為一組。

三、錢穆最精於學術思想，有關著作見於《全集》第十六冊至二十五冊。《中國近三百年學術史》是這方面的代表作，《中國學術思想史論叢》闡發良多，此外，尚有《中國思想史》、《中國思想通俗講話》、《學籥》、《中國學術通義》及《現代中國學術論衡》。

四、錢穆研究中國古代人物，可上溯至《周公》；斷代史專著，只《秦漢史》一種；《國史大綱》上、下冊，是最具代表性的著作。其他論述歷史文化的著作，計有《文化史導論》、《中國歷史精神》、《國史新論》、《中國歷代政治得失》、《中國歷史研究法》、《中國史學發微》、《讀史隨劄》及《中國史學名著》，史地方面有《史記地名考》（上、下）及《古史地理論叢》。以上諸書，均見《全集》第二十六冊至三十六冊。

五、文化學及中國文化方面的著作，見於《全集》第三十七冊至四十五冊，包括：《文化學大義》、《民族與文化》、《中華文化十二講》、《中國文化精神》、《湖上閒思錄》、《人生十論》、《政學私言》、《從中國歷史來看中國民族性及中國文化》、《文化與教育》、《歷史與文化論叢》、《世界局勢與中國文化》、《中國文化叢談》、《中國文學論叢》。

六、其他著作，收入《全集》第四十六冊至五十三冊，包括回憶錄、講義等，計有：《理學六家詩鈔》、《靈魂與心》、《雙溪獨語》、《晚學盲言》（上、下）、《新亞遺鐸》、《八十憶雙親、師友雜憶合刊》、《講堂遺錄》、《素書樓餘瀋》。《講堂遺錄》包括《中國思想史六講》、《中國學術思想十八講》及《經學大要三十二講》。

錢穆的代表作

在今日而言錢穆研究，首先要選定他眾多的著作中，以何者最為重要，並以相關的書籍作為補充。

其次是要透過回憶錄和傳記，深入認識他所處的時代和著述的背景。現時所見的專書，都集中於探討錢穆的學術思想、史學思想、論語學和文化學，客觀而全面的錢穆研究，相信還須假以時日。以下簡述錢穆的幾種代表作。

周谷城主編《中國學術名著提要》，其中由姜義華主編的《歷史卷》（上海：復旦大學出版社，一九九四年），收錄了古代至一九四九年的中國史學名著二百六十本，「正史」除二十四史外，包括近代三本：趙爾巽等的《清史稿》、夏曾佑的《中國歷史教科書》和劉師培的《中國歷史教科書》；現代兩本：錢穆的《國史大綱》和范文瀾的《中國通史簡編》。錢穆《國史大綱》的重要性於此可見，錢著與范著分別代表兩種史觀，用意似亦甚明，《國史大綱》作為錢穆畢生最重要著作是毋庸置疑的。「別史」之中，則收錄了錢穆的《中國近三百年學術史》。

劉凌、吳士余主編《中國學術名著大詞典·近現代卷》（上海：漢語大詞典出版社，二〇〇一年），「歷史學」之部收錄了錢穆的三種著作，《國史大綱》之外，還有《先秦諸子繫年》和《中國文化史導論》。

方嗚、金輝、楊慧林、唐建福主編的《二十世紀中國學術要籍大辭典》（北京：中共中央黨校出版社，二〇〇〇年）收錄錢穆的著作多達七種，「中國哲學」之部有《先秦諸子繫年》、《宋明理學概述》和《朱子新學案》，「政治學」之部有《中國歷代政治得失》，「歷史學」之部有《國史大綱》，「文化學」之部有《中國文化史導論》和《文化學大義》。

對香港學子影響最大的著作，應該是《中國歷代政治得失》。二〇〇九年香港學制改革推行之前，《國史大綱》和《中國歷代政治得失》都列為高級程度會考（大學預科）中國歷史科的必讀參考書；改行高中新學制後，《中國歷代政治得失》仍保留在中國歷史科的參考書目之中。此書且由香港出版界推薦，列為東亞一百種選書之一。

《錢賓四先生全集》以外的著作

錢穆的著作，大抵都見於《錢賓四先生全集》，但也有少數不予收錄的，例如《黃帝》（台北：東大圖書股份有限公司，一九七八年）一書。錢穆在該書的〈重版附跋〉中說：「本書乃余於三十四年前在成都北郊賴家園齊魯大學國學研究所經某方催促，偕及門姚君合力共成之。」按：《黃帝》一書是錢穆與姚漢源合著，一九四四年由重慶勝利出版社出版。

錢穆生前為促進國人對中華傳統文化的認識，曾計劃將其著作分類編成小論叢，以便青年學子閱讀。素書樓文教基金會遵其遺意，編成「中國學術小叢書」一套，包括《國學概論》、《中國學術通義》、《現代中國學術論衡》、《學籥》、《學術思想遺稿》、《經學大要》六種，二〇〇〇年由台北蘭台出版社出版。前四種以《錢賓四先生全集》為底本，後兩種為初版印行。

《學術思想遺稿》一書是講堂記錄稿，包括兩部分：第一部分是一九四六年錢穆在昆明五華書院所作「中國思想史」講稿中的最先六講；第二部分是錢穆在香港大學校外課程部所講「中學術思想史」講稿中的三個段落（先秦、秦漢、明清）。《經學大要》是一九七四年至一九七五年間錢穆在中國文化學院為研究生講授「經學大要」一科的課堂記錄稿，是據錄音帶整理而成。

素書樓文教基金會和蘭台出版社又於二〇〇一年出版一套「中國文化小叢書」，包括《文化學大義》、《民族與文化》、《中華文化十二講》、《中國文化精神》、《從中國歷史來看中國民族性及中國文化》、《文化與教育》、《中國文化叢談》、《歷史與文化論叢》、《世界局勢與中國文化》、《中國文學論叢》十種。

「中國史學小叢書」八種，計有《中國文化史導論》、《中國歷史精神》、《國史新論》、《中國歷代政治得失》、《中國歷史研究法》、《中國史學發微》、《中國史學名著》和《政學私言》。另有「中國思想史小叢書」五種，包括《中國思想史》、《宋明理學概述》、《朱子學提綱》、《陽明學述要》、《中國思想通俗講話》。上述各種，是現時坊間較易購得的版本。

二〇〇二年起，北京三聯書店編印了一套「錢穆作品系列」，共二十四種，是較齊備的簡體字版。此外，另有一套《錢穆先生全集》新校本，二〇一一年由北京九州出版社出版，作為海峽兩岸出版交流中心籌劃引進的重要項目；該社出版「錢穆先生著作系列」十餘種，包括《中國學術通義》、《歷史與文化論叢》等，各種著作均可單獨出售，較便購買。

郭齊勇、汪學群編《二十世紀學術經典．錢穆卷》上、下冊（石家莊：河北教育出版社，一九九九年），是錢穆著作選集。收錄《中國近三百年學術史》、《中國文化史導論》、《中國學術通義》、《朱子學提綱》等，書末有〈錢賓四先生學術年表〉及〈錢賓四先生學術要目〉。是很有份量的選集。

錢穆書信集和課堂講學筆記

黃浩潮、陸國燊編《錢穆先生書信集——為學、做人、親情與師生情懷》（香港：香港中文大學新亞書院，二〇一四年），亦可作為《錢賓四先生全集》的補充。書中收錄了錢穆家書和他寫給嚴耕望、余英時、孫國棟、唐端正、葉龍、夏仁山、李金鐘的信，附錄錢穆贈與弟子及友好墨寶選輯、錢穆與唐君毅書函。

師從錢穆多年的葉龍，習慣把錢穆在課堂講學的內容輯錄成筆記，編成幾本專書，包括歷史、文學、經濟及處世為人等方面的見解，由香港商務印書館出版。計有：一、《錢穆講學粹語錄》（二〇一三年），二、《錢穆講中國經濟史》（二〇一三年），三、《錢穆講中國文學史》（二〇一五年），四、《錢穆講中國社會經濟史》（二〇一六年），五、《錢穆講中國通史》（二〇一七年）。其中尤為值得推介的是《錢穆講學粹語錄》，內容分為講學粹語、信函遺墨、報導文章三部分，講學粹語包括思想、歷史、文學三方面及為學與做人、人物點評。

印成簡體字版的，有錢穆講授、葉龍記錄整理《中國社會經濟史講稿》（北京：北京聯合出版公司，二〇一六年）。此書共有二十篇，由古代氏族社會與農業概況講起，直至民國時期的賦稅為止。

關於錢穆的回憶錄

錢穆自己所寫的回憶錄，大抵都見於《錢賓四先生全集》之中。嚴耕望著《錢穆賓四先生與我》（台北：台灣商務印書館，一九九二年），收入其簡體字版《治史三書》之中。余英時著《猶記風吹水上鱗——錢穆與現代中國學術》（台北：三民書局，一九九一年），簡體字版題為《錢穆與現代中國學術》（桂林：廣西師範大學出版社，二〇〇六年）；余英時著《錢穆與中國文化》（上海：遠東出版社，一九九四年）是前書的增訂本，亦可供參考。

錢穆次子錢行著《思親補讀錄——走近父親錢穆》（北京：九州出版社，二〇一一年），是他閱讀父親著作和思考文化人生而寫下的文集。全書分為「隻鱗片羽」、「教學相長」、「隨感隨筆」、「人云我云」四部分，書末有錢穆孫女錢婉約題為〈遠方的山〉的代編後記。錢穆夫人胡美琦著《樓廊閒話》（台北：素書樓文教基金會，二〇〇四年；北京：九州出版社，二〇一二年），有較多關於錢穆晚年生活和著述情況的記錄。

錢穆逝世已經超過四分一個世紀了。他留給香港的，是新亞書院和新亞研究所；他留給學界和讀者的，是數十種學術專著和普及讀物。這些書或具學術價值，或具時代意義，也許與別不同的，是使讀者產生對中國歷史文化的「溫情與敬意」；對於年輕一代來說，錢穆的多種著作，「與其說是學問的領域，不如說更是一種關於中國文史知識的積累和傳統人文精神的熏陶。……簡單地說，就是其中的歷史知識是與文化信仰緊密聯繫在一起的。書中對於五千年中華文化透闢的理解、圓融的闡釋、堅定的信念，對於近代以來政治文化鞭辟入裏的針砭，有一種穿越書本，直抵人心，撞擊你固有精神世界的強大力量。」【四十三】兩岸三地傳承的錢穆史學，其可貴處正在於此。

註釋

【說明】此書原為「錢穆史學導論四講」的講義，不加註釋，只於有需要的情況下交代引文出處，另列延伸閱讀書目供參考之用。付印前增入適量註釋，俾便檢索；至於錢穆著作的序跋、出版說明及相關引文等，大抵均見於《錢賓四先生全集》之中，加以坊間流傳版本眾多，為免造成混亂，是以這方面的註釋從略。

【一】周勇〈錢穆：漫長成名路〉，氏著《大師的教書生活》（上海：華東師範大學出版社，二〇〇八年），頁八。

【二】周佳榮、丁潔著《天下名士有部落——常州人物與文化群體》（香港：三聯書店、香港浸會大學當代中國研究所，二〇一三年），頁八五—八六。

【三】陳勇著《錢穆傳》（北京：人民出版社，二〇〇一年），頁二一—二二。

【四】同註【三】，頁一三五—一三六。

【五】張耕華編《呂思勉學術文集》（上海：上海人民出版社，二〇一一年），〈呂思勉小傳〉，頁三九六——三九七。

【六】劉夢溪主編，郭齊勇、汪學群編校《中國現代學術經典．錢賓四卷》（石家莊：河北教育出版社，一九九九年），郭齊勇〈錢賓四先生小傳〉，頁二。

【七】同註【一】，頁一四——一五。

【八】方鳴、金輝、楊慧林、唐建福主編《二十世紀中國學術要籍大辭典》（北京：中共中央黨校出版社，一九九三年），安斌〈先秦諸子繫年〉條，頁六七。

【九】同註【六】，頁五。

【十】劉凌、吳士余主編《中國學術名著大詞典．近現代卷》（上海：漢語大詞典出版社，二〇〇一年），孔祥驊〈先秦諸子繫年〉條，頁五八一——五八二。

【十一】陳其泰主編《二〇世紀中國歷史考證學研究》（北京：北京師範大學出版社，二〇〇五年），頁二七一——二八三。

【十二】張元著《自學歷史：名家論述導讀》（台北：三民書局，二〇一五年），頁一三八。

【十三】戴景賢著《錢賓四先生與現代中國學術》（香港：中文大學出版社，二〇一四年），頁一八。

【十四】《何茲全文集．第六卷．愛國一書生》（北京：中華書局，二〇〇六年），頁二七一四。

【十五】孟祥才著《梁啟超傳》（北京：北京出版社，一九八〇年），頁三四五。

【十六】周佳榮著〈從梁啟超到錢穆：兩代國學大師的治史規模〉，《香港中國近代史學報》第二期（香港：香港中國近代史學會，二〇〇四年），頁一三八——一四〇。

【十七】梁啟超著，林志鈞編《飲冰室合集．文集》（上海：中華書局，一九三六年），林志鈞〈序〉，頁一。

【十八】胡適著《四十自述》（台北：遠東圖書公司，一九八〇年重印本），頁五七——六一。

【十九】梁啟超著《飲冰室文集》（香港：天行出版社據一九三六年版《梁任公全集》重印），鄭振鐸〈梁任公先生傳〉，卷首，頁五——八。

【二十】耿雲志、崔志海著《梁啟超》（廣州：廣東人民出版社，一九九四年），頁三九〇——三九九。

【二十一】同註【十六】，頁一三七。

【二十二】《二十世紀中國學術要籍大辭典》，彭艷〈中國近三百年學術史〉條，頁六八——六九。

【二十三】周佳榮編撰《明末以來中國思想史》（香港：香港公開大學，二〇〇〇年修訂版），單元一，頁一——一六。

【二十四】同上註，單元三，頁一三——二四。

【二十五】《二十世紀中國學術要籍大辭典》，王克奇〈國史大綱〉條，頁四五五——四五六。

【二十六】劉凌、吳士余主編《中國學術名著大詞典·近現代卷》，朱政惠〈國史大綱〉條，頁五九九—六〇〇。
【二十七】同註【六】，頁六—七。
【二十八】姜義華主編《中國學術名著提要·歷史卷》（上海：復旦大學出版社，一九九四年），齊中〈國史大綱〉（書評）。
【二十九】馬寶珠主編《二十世紀中國史學名著提要》（北京：北京師範大學出版社，二〇〇七年），郭齊勇〈對歷史的敬意——錢穆的《國史大綱》〉，頁一二九。
【三十】張書學著《中國現代史學思潮研究》（長沙：湖南教育出版社，一九九八年），頁三六四—三六五。
【三十一】葉龍編錄《錢穆講中國通史》（香港：商務印書館，二〇一七年），〈自序〉引述錢穆語。
【三十二】《香港中文大學新亞書院研究所概況》（一九六五年），頁三四。
【三十三】《二十世紀中國學術要籍大辭典》，薛涌〈中國歷代政治得失〉條，頁三五三。
【三十四】《二十世紀中國學術要籍大辭典》，王志躍〈宋明理學概述〉條，頁七九。
【三十五】《二十世紀中國學術要籍大辭典》，蔡豐明〈文化學大義〉，頁七五一—七五二。
【三十六】《二十世紀中國學術要籍大辭典》，陳江峰〈中國文化史導論〉條，頁七三九—七四〇。

【三十七】同註【六】，頁一一一——一一二。

【三十八】梁淑芳著《錢穆〈論語新解〉研究——以比較為主要進路的考察》（台北：文津出版社，二〇一三年），頁二五九——二六〇。

【三十九】林啟彥〈錢穆的考信史學——以錢氏早年的孔子研究為例〉，李全強主編《世變中的史學》（桂林：廣西師範大學出版社，二〇一〇年），頁一一二。

【四十】陳致訪談《余英時訪談錄》（香港：中華書局，二〇一二年），頁一七六——一七七。

【四十一】余英時著《猶記風吹水上鱗——錢穆與現代中國學術》（台北：三民書局，二〇一五年），頁一〇〇。

【四十二】嚴耕望著《錢賓四先生與我》（台北：台灣商務印書館，一九九二年），頁一二九——一三〇。

【四十三】錢婉約〈遠方的山〉，錢行著《思親補讀錄——走近父親錢穆》（北京：九州出版社，二〇一一年），頁二〇三。

附錄一　錢穆著作簡要說明

錢穆著作收入《錢賓四先生全集》（台北：聯經出版公司，一九九八年），計甲編二十二種二十五冊、乙編十二種十一冊、丙編二十二種十八冊，總共五十六種五十四冊。另台北東大圖書公司有「錢穆作品精萃」，共三十二種，包括錢穆與人合著的《黃帝》一書，《錢賓四先生全集》不予收錄。

一九四九年以前，錢穆的著作多由商務印書館出版；一九四九年以後，部分由台灣商務印書館重印。一九五〇年代至一九七〇年代中，錢穆在香港和台北有多種自印本。寓港期間，著作多由新亞研究所和人生出版社出版；赴台以後，著作分別由三民書局、聯經出版事業公司、東大圖書公司等出版社出版。近年來，中國內地有不少重印本和簡體字版，主要有《錢穆先生全集》新校本（北京：九州出版社，二〇一一年），另有一些著作分別由商務印書館、九州出版社、北京聯合出版公司等出版。

《論語文解》，上海：商務印書館，一九一八年。收入《錢賓四先生全集》第二冊。這是錢穆第一部著作。分「明體」和「達用」兩部分，共六章。

《論語要略》，上海：商務印書館，一九二五年；台北：台灣商務印書館，一九六四年。輯入《四書釋義》，見《錢賓四先生全集》第一冊。

《劉向歆父子年譜》，重慶：中國文化服務社，一九四三年；上海：中國文化服務社，一九四七年。輯入《兩漢經學今古文平議》，見《錢賓四先生全集》第八冊。

《墨子》，上海：商務印書館，一九三〇年。收入《錢賓四先生全集》第六冊。

《陽明學述要》，台北：正中書局，一九五五年。收入《錢賓四先生全集》第十冊。按：原題《王守仁》，上海商務印書館，一九三〇年；長沙：商務印書館，一九三九年；台北：台灣商務印書館，一九六八年。

〔日〕林泰輔著，錢穆譯《周公》，上海：商務印書館，一九三一年；台北：台灣商務印書館，一九六五年。收入《錢賓四先生全集》第二十六冊。共有四章，依次敘述周公之家系及性行、活動年代、晚年、學術思想之概觀。

《國學概論》，上海：商務印書館，一九三一年；台北：台灣商務印書館，一九五六年；香港：國學出版社，一九六六年。收入《錢賓四先生全集》第一冊。全書共分十章，依時代次序，由孔子與六經講起，至最近期之學術思想。

《惠施公孫龍》，上海：商務印書館，一九三一年；上海：上海書店，一九九二年。修訂本收入《錢賓四先生全集》第六冊。

《孟子研究》，上海：開明書店，一九四八年。輯入《四書釋義》，見《錢賓四先生全集》第一冊。按：原題《孟子要略》，上海：大華書局，一九三四年。

《老子辨》，上海：大華書局，一九三五年；北京：中國書店，一九八八年。輯入《莊老通辨》，見《錢賓四先生全集》第七冊。

《先秦諸子繫年》，上海：商務印書館，一九三七年。修訂本，香港：香港大學出版社，一九五六年；台北：自印本，一九七五年；北京：中華書局，一九八五年；台北：東大圖書公司，一九八六年。收入《錢賓四先生全集》第五冊。按：原題《先秦諸子繫年考辨》，上海：商務印書館，一九三五年；上海：上海書店，一九九一年。

《中國近三百年學術史》上、下冊，上海：商務印書館，一九三七年；重慶：商務印書館，一九四五年；台北：台灣商務印書館，一九五七年；北京：中華書局，一九八六年。收入《錢賓四先生全集》第十六、十七冊。

《國史大綱》上、下冊，上海：商務印書館，一九四〇年；重慶：商務印書館，一九四三年；

上海：國立編譯館，一九四四年；香港：自印本，一九五五年；台北：台灣商務印書館，一九七四年；台北：國立編譯館，一九七七年；上海：上海書店出版社，一九八九年；香港：商務印書館，一九八九年。修訂本，台北：台灣商務印書館，一九九四年。收入《錢賓四先生全集》第二十七、二十八冊。

《秦漢史》，香港：自印本，一九五七年；台北：自印本，一九六九年；台北：東大圖書公司，一九八五年。收入《錢賓四先生全集》第二十六冊。按：此書原為一九三二年北京大學講義。全書共分七章：一、〈秦人一統之局〉；二、〈漢初之治〉；三、〈西漢之全盛〉；四、〈西漢之中衰〉；五、〈昭宣以後之儒術〉；六、〈西漢一代之政制〉；七、〈王莽之新政〉。

《文化與教育》，重慶：國民圖書出版社，一九四二年；台北：仙人掌出版社，一九七一年；台北：大林書店，一九七三年；台北：東大圖書公司，一九七六年。增編本，收入《錢賓四先生全集》第四十一冊。

《政學私言》，重慶：商務印書館，一九四五年；上海：商務印書館，一九四六年；台北：台灣商務印書館，一九六七年。修訂增編本，收入《錢賓四先生全集》第四十冊。

《中國文化史導論》，重慶：正中書局，一九四八年；台北：正中書局，一九五一年；台北：國防部總政治部，一九五二年；上海：三聯書店，一九八八年。修訂本，台北：台灣商務印書館，一九九三年。修訂增編本，收入《錢賓四先生全集》第二十九冊。

《中國人：宗教社會及人生觀》，香港：自由中國社，一九四九年；台北、香港：現代問題叢刊編輯社，一九五〇年。輯入《莊老通辨》，見《錢賓四先生全集》第七冊。按：亦見《人生十論》及《靈魂與心》。

《文化學大義》，台北：正中書局，一九五二年。增編本，收入《錢賓四先生全集》第三十七冊。

《中國歷史精神》，印度尼西亞：雅加達天聲日報社，一九五二年；台北：國民出版社，一九五四年；香港：自印本，一九六三年；香港：鄧鏡波學校，一九六四年；台北：自印本，一九六三年；台北：台灣商務印書館，一九六五年。修訂本，台北：東大圖書公司，一九七六年。修訂增編本，收入《錢賓四先生全集》第二十九冊。

《中國思想史》，台北：中華文化出版事業委員會，一九五二年。香港：自印本，一九五六年；香港：新亞書院，一九六二年。台北：華崗出版公司，一九七一年；台北：台灣學生書局，一九七七年；台北：台灣商務印書館，一九九二年。修訂本，收入《錢賓四先生全集》第二十四冊。

《中國歷代政治得失》，香港：自印本，一九五二年；香港：人生出版社，一九五二年。修訂再版，香港：自印本，一九五六年；香港：龍門書店，一九六八年。台北：自印本，一九六九年；台北：三民書局，一九七四年；台北：東大圖書公司，一九七七年；香港：三聯書店，二〇〇二年。增編本，收入《錢賓四先生全集》第三十一冊。此書有英譯本：Ch'ien, Mu.

Translated by Chün-tu Hsüeh and George O. Totten; with Walace Johnson (et al.), *Traditional Government in Imperial China: A Critical Analysis.* Hong Kong: The Chinese University Press; New York, NY: St. Martin's Press, 1982.

《四書釋義》，台北：中華文化出版事業委員會，一九五三年。修訂本，台北：台灣學生書局，一九七八年。收入《錢賓四先生全集》第二冊。此書是《論語要略》及《孟子要略》的合編，另加《大學中庸釋義》。

《宋明理學概述》，台北：中華文化出版事業委員會，一九五三年。修訂本，台北：台灣學生書局，一九七七年；台北：中國文化大學出版部，一九八〇年。收入《錢賓四先生全集》第九冊。

《莊子纂箋》，香港：自印本，一九五五年；有第一次改訂版（一九五五年）、第二次改訂版（一九五七年）、第三次改版（一九六二年）。台北：三民書局，一九六九年；台北：東大圖書公司，一九八五年。收入《錢賓四先生全集》第六冊。

《中國思想史通俗講話》，香港：自印本，一九五五年；台北：自印本，一九五六年；台北：官兵文庫編輯委員會，一九六九年。增訂本，台北：東大圖書公司，一九九〇年。收入《錢賓四先生全集》第二十四冊。

《國史新論》，香港：自印本，一九五五年；台北：自印本，一九五五年；台北：三民書局，一九六九年；台北：東大圖書公司，一九八一年。增訂本，台北：東大圖書公司，一九八九年。第二次增訂本，收入《錢賓四先生全集》第三十冊。

《人生十論》，香港：人生出版社，一九五五年。增編本，台北：東大圖書公司，一九八二年。收入《錢賓四先生全集》第三十九冊。

《陽明先生傳習錄大學問節本》，香港：人生出版社，一九五七年。輯入《中國學術思想史論叢》（七），見《錢賓四先生全集》第二十一冊。

《莊老通辨》，香港：新亞研究所，一九五七年。增訂本，台北：三民書局，一九七三年。第二次重編本，台北：東大圖書公司，一九九一年。第三次重編本，收入《錢賓四先生全集》第七冊。

《學籥》，香港：自印本，一九五八年。台北：三民書局，一九六九年。重編本，共十二篇，都是有關治學門徑和方法的文稿，收入《錢賓四先生全集》第二十四冊。

《兩漢經學今古文平議》，香港：新亞研究所，一九五八年；台北：自印本，一九七一年；台北：東大圖書公司，一九七八年。收入《錢賓四先生全集》第八冊。

《民族與文化》，台北：國防研究院，一九五九年；台北：聯合出版中心，一九六〇年；台北：陽明山莊，一九六〇年；香港：新亞書院，一九六二年；台北：三民書局，一九六九年。增訂本，台北：東大圖書公司，一九八九年。收入《錢賓四先生全集》第三十七冊。

《湖上閒思錄》，香港：人生出版社，一九六〇年；台北：自印本，一九六九年；台北：東大圖書公司，一九八〇年。收入《錢賓四先生全集》第三十九冊。

《中國歷史研究法》，香港：孟氏教育基金委員會，一九六一年；台北：三民書局，一九六九年；香港：新民書局，一九七〇年。增編本，台北：東大圖書公司，一九八八年。第二次增編本，收入《錢賓四先生全集》第三十一冊。

《史記地名考》，香港：太平書局，一九六二年；香港：龍門書店，一九六八年；台北：自印本，一九八四年。重校本，收入《錢賓四先生全集》第三十四、三十五冊。

《中國文學講演集》，香港：人生出版社，一九六三年；台北：自印本，一九六八年；台北：三民書局，一九七五年；成都：巴蜀書社，一九八七年。輯入《中國文學論叢》，見《錢賓四先生全集》第四十五冊。

《論語新解》，香港：新亞研究所，一九六三年；台北：自印本，一九六五年；台北：東大圖書公司，一九八八年。收入《錢賓四先生全集》第三冊。分上、下編，附孔子年表。

《中華文化十二講》，台北：自印本，一九六八年；台北：東大圖書公司，一九八五年。收入《錢賓四先生全集》第三十八冊。按：原題《中華文化十講》，台北：空軍總部政治作戰部，一九六八年。

《中國文化叢談》（一）（二），台北：三民書局，一九六九年。增編本，收入《錢賓四先生全集》第四十四冊。

《史學導言》，台北：中央日報社，一九七〇年。輯入《中國史學發微》，見《錢賓四先生全集》第三十二冊。

《中國文化精神》，台北：自印本，一九七一年。增訂本，收入《錢賓四先生全集》第三十八冊。

《朱子學提綱》，台北：自印本，一九七一年；台北：東大圖書公司，一九八六年。收入《朱子新學案》（一），見《錢賓四先生全集》第十一冊。

《朱子新學案》（一）至（五），台北：自印本，一九七一年；台北：三民書局，一九八二年。收入《錢賓四先生全集》第十一至十五冊。

《中國史學名著》（一）（二），台北：三民書局，一九七三年。收入《錢賓四先生全集》第三十三冊。

《世界局勢與中國文化》，台北：教育部社會教育司，一九七三年；台北：交通部郵政總局，一九七六年；台北：東大圖書公司，一九七七年。增編本，收入《錢賓四先生全集》第四十三冊。

《理學六家詩鈔》，台北：中華書局，一九七四年。重校本，收入《錢賓四先生全集》第四十六冊。

《孔子與論語》，台北：聯經出版事業公司，一九七四年。重編本，收入《錢賓四先生全集》第四冊。共有二十九篇文章，內容都圍繞著孔子生平與思想、《論語》的內容及其解釋等問題。

《孔子傳略．論語新編》，台北：財團法人廣學社印書館，一九七五年。輯入《孔子傳》，見《錢賓四先生全集》第四冊。

《孔子傳》，台北：綜合月刊社，一九七五年。增編本，台北：東大圖書公司，一九八七年。第二次增編本，收入《錢賓四先生全集》第四冊。本書有日譯本：錢穆撰，池田篤紀譯《孔子傳》，東京：アジア問題研究會，一九七五年。此書共分八章，是錢穆研究孔子最重要的著作。

《中國學術通義》，台北：台灣學生書局，一九七五年。增編本，台北：台灣學生書局，一九八二年。收入《錢賓四先生全集》第二十五冊。

《八十憶雙親》，香港：香港中文大學新亞書院校友會，一九七五年。輯入《八十憶雙親．師友雜憶合刊》，見《錢賓四先生全集》第五十一冊。

《靈魂與心》，台北：聯經出版公司，一九七六年。增編本，收入《錢賓四先生全集》第四十六冊。

《中國學術思想史論叢》（一）至（八），台北：東大圖書公司，一九七六—一九八〇年。增補重編定本，收入《錢賓四先生全集》第十八至二十三冊。

《歷史與文化論叢》，台北：東大圖書公司，一九七九年。增編本，收入《錢賓四先生全集》第四十二冊。

《從中國歷史來看中國民族性及中國文化》，香港：中文大學出版社，一九七九年，有二〇〇九年重版本；台北：聯經出版事業公司，一九七九年。收入《錢賓四先生全集》。內容主要論述中國人的性格、行為、思想總綱、文化結構等。

《雙溪獨語》，台北：台灣學生書局，一九八一年。收入《錢賓四先生全集》第四十七冊。

《古史地理論叢》，台北：東大圖書公司，一九八二年。增編本，收入《錢賓四先生全集》第三十六冊。

《八十憶雙親．師友雜憶合刊》，台北：東大圖書公司，一九八三年。收入《錢賓四先生全集》第五十一冊。

《中國文學論叢》，台北：東大圖書公司，一九八三年。重編本，收入《錢賓四先生全集》第四十五冊。

《宋代理學三書隨劄》，台北：東大圖書公司，一九八三年。包括《朱子四書集義．精要》、周濂溪《通書》和朱熹、呂東萊編《近思錄》三書隨劄，及附錄四篇。重編本，收入《錢賓四先生全集》第十冊。

《現代中國學術論衡》，台北：東大圖書公司，一九八四年。收入《錢賓四先生全集》第二十五冊。

《晚學盲言》（上）（下），台北：東大圖書公司，一九八七年。重校本，收入《錢賓四先生全集》第四十八、四十九冊。分為三篇：上篇〈宇宙天地自然之部〉、中篇〈政治社會人文之部〉及下篇〈德性行為修養之部〉。

《中國史學發微》，台北：東大圖書公司，一九八九年。重編本，收入《錢賓四先生全集》第三十二冊。

《新亞遺鐸》，台北：東大圖書公司，一九八九年。收入《錢賓四先生全集》第五十冊。收錄新亞校訓、學規、校歌及講詞、文稿等。

《讀史隨劄》，見《錢賓四先生全集》第三十二冊。收錄早年所撰文章三十五篇。

《講堂遺錄》，見《錢賓四先生全集》第五十二冊。包括〈五華書院中國思想史六講〉、〈香港大學校外課程部中國學術思想十八講〉及〈素書樓經學大要三十二講〉。

《素書樓餘瀋》，見《錢賓四先生全集》第五十三冊。此錄序跋、雜文、書札、詩聯輯存及晚學拾零。

附錄二　錢穆生平簡略年表

一八九五年　一歲

七月三十日，出生。江蘇無錫人。時父母皆三十歲，兄恩第六歲。初名恩鑅，後其兄恩第改名摯，字聲一；隨而改名穆，字賓四。

一九〇一年　七歲

本年，入私塾，從華姓塾師授業。

一九〇四年　十歲

本年，入鄉間新式果育小學，受錢伯圭師啟發。

一九〇七年　十三歲

冬，考入常州府中學堂。在校期間深得監督（今校長）屠寬（史學家屠寄之子）愛護，治學則受史家呂思勉影響。

一九一一年　十七歲

本年，入南京鍾英中學。

一九一二年　十八歲

本年，任小學教師。

一九一八年　二十四歲

本年，《論語文解》由上海商務印書館出版，是第一部出版的書。

一九二二年　二十八歲

秋，應聘赴廈門，任私立集美學校國文教席。

一九二三年　二十九歲

本年，任無錫江蘇省立第三師範學校國文教師。

一九二七年　三十三歲

本年，改任蘇州中學國文教師。

一九三〇年　三十六歲

本年，至北平任私立燕京大學國文講師。

一九三一年　三十七歲

本年，任國立北京大學歷史系副教授，是在大學講授歷史課程之始；旋升任教授，並在國立清華大學、私立燕京大學、國立北平師範大學（北京師範大學）兼課。

一九三七年　四十三歲

十月，赴長沙，入國立臨時大學。

一九三八年　四十四歲

春，赴昆明。

四月，赴蒙自，入國立西南聯大文學院任教授。

一九四〇年　四十六歲

夏，在成都主持齊魯國學研究所，同時在私立齊魯大學兼課。

一九四三年　四十九歲

本年，應邀轉入私立華西大學文學院任教授，兼四川大學教席。

一九四六年　五十二歲

秋，赴昆明任五華學院研究所所長，並在國立雲南大學兼任教授。

一九四八年　五十四歲

本年，轉無錫私立江南大學任文學院院長。

一九四九年　五十五歲

春，赴廣州，任私立華僑大學教授。

秋，隨校赴香港。

十月，張其昀、謝幼偉、崔書琴創辦亞洲文商學院（夜校），任為院長。

一九五〇年　五十六歲

本年，改夜校為日校，易名新亞書院，任常務董事、院長。

一九五四年　六十歲

本年，兼新亞研究所所長。

一九五六年　六十二歲

本年，新亞書院農圃道校舍落成遷入，為書院自有校舍之始。

一九六〇年　六十六歲

本年，赴美國耶魯大學講學，獲頒榮譽文學博士學位。

一九六三年　六十九歲

十月，香港中文大學成立，新亞書院為三個成員學院之一。

一九六五年　七十一歲

六月，卸任新亞書院院長職務；七月，赴吉隆坡任馬來亞大學教授。

一九六六年　七十二歲

二月，返港，開始撰寫《朱子新學案》。

一九六七年　七十三歲

十月，遷居台灣，住台北市區金山街。

一九六八年　七十四歲

七月，入住台北士林外雙溪臨溪路七二號素書樓；當選為中央研究院院士。

一九六九年　七十五歲

一月，為中國文化學院（現中國文化大學）授課，任台北故宮博物院特聘研究員。

九月，返回香港為新亞書院二十週年紀念獻詞。

一九七七年　八十三歲

夏，香港中文大學新亞書院特設「錢賓四先生學術文化講座」，應邀允為第一次講者。

一九七八年　八十四歲

十月，到香港中文大學新亞書院講「從中國歷史來看中國民族性及中國文化」（共有六講）。

一九八四年　九十歲

七月，到香港，門人為祝九十壽辰；並與從中國內地來港的四子孫在新亞書院聚首月餘。

一九八九年　九十五歲

九月，到香港出席新亞書院創校四十年校慶。

一九九〇年　九十六歲

六月，遷出素書樓。

八月三十日，在台北杭州南路寓所逝世。

參考書目舉要

關於錢穆生平和學術的專書

胡美琦著《樓廊閒話》，台北：中華日報，一九七九年；台北：素書樓文教基金會，二〇〇四年；北京：九州出版社，二〇一二年。

余英時著《猶記風吹水上鱗——錢穆與現代中國學術》，台北：三民書局，一九九一年；此書的簡體字版，題為《錢穆與現代中國學術》，桂林：廣西師範大學出版社，二〇〇六年。

嚴耕望著《錢穆賓四先生與我》，台北：台灣商務印書館，一九九二年；此書有簡體字版，收入嚴耕望《治史三書》。

李木妙編撰《國史大師：錢穆教授傳略》，台北：揚智，一九九五年。

鄧爾麟著；藍樺譯《錢穆與七房橋世界》，北京：社會科學文獻出版社，一九九五年。此書是Jerry Dennerline, *Qian Mu and the World of Seven Mansions*. (New Haven: Yale University Press, 1989)的中譯本。

郭齊勇、汪學群著《錢穆評傳》，南昌：百花洲文藝出版社，一九九五年。

汪學群著《錢穆學術思想評傳》，北京：北京圖書館出版社，一九九八年。
倪芳芳著《錢穆論語學析論》，台北：東華書局出版社，一九九八年。
陳勇著《錢穆傳》，北京：人民出版社，二〇〇一年。
台灣大學中國文學系編印《紀念錢穆先生逝世十週年國際學術研討會論文集》，二〇〇一年。
印永清著《百年家族——錢穆》，台北：立緒文化事業有限公司，二〇〇二年；石家莊：河北教育出版社，二〇〇三年。
徐國利著《錢穆史學思想研究》，台北：台灣商務印書館，二〇〇四年。
錢穆故居管理處編《錢穆思想學術研討會論文集》，台北：東吳大學，二〇〇五年。
韓復智編著《錢穆先生學術年譜》六冊，台北：五南圖書出版公司，二〇〇五年；北京：中央編譯出版社，二〇一二年。
陸玉芹著《未學齋中香不散：錢穆和他的子弟》，廣州：廣東教育出版社，二〇〇七年。
陳勇著《國學宗師錢穆》，北京：北京大學出版社，二〇〇七年。
梁淑芳著《錢穆文化學研究》，台北：文津出版社，二〇〇八年
汪學群、武才娃著《錢穆》，昆明：雲南教育出版社，二〇〇八年。

黃兆強主編《錢穆先生思想行誼研究論文集》，台北：東吳大學，二〇〇九年。
徐國利著《一代儒生——錢穆傳》，武漢：湖北人民出版社，二〇一一年。
馬森著《與錢穆先生的對話》，台北：秀威資訊科技股份有限公司，二〇一一年。
周育華著《從無錫七房橋走出的文化大家——君子儒錢穆評傳》，南京：鳳凰出版社，二〇一一年。
錢行著《思想補讀錄——走近父親錢穆》，北京：九州出版社，二〇一一年。
梁淑芳著《錢穆〈論語新解〉研究：以比較為主要進路的考察》，台北：文津出版社，二〇一三年。
戴景賢著《錢賓四先生與現代中國學術》，香港：中文大學出版社，二〇一四年；北京：東方出版中心，二〇一六年。
吳華、黃豪、郭俊良、周上群著《傳統視域下的錢穆——中外文明交流史數論》，上海：上海科學技術文獻出版社，二〇一五年。
楊明輝著《錢穆》，南京：江蘇人民出版社，二〇一六年。
莫名著《不信東風喚不回——隨錢穆先生讀書》上、下冊，香港：天地圖書有限公司，二〇一六年。

其他相關的參考書目

《二十世紀中國學術要籍大辭典》，北京：中共中央黨校出版社，一九九三年。
《中國學術名著提要．歷史卷》，上海：復旦大學出版社，一九九四年。
《中國學術名著大詞典．近現代卷》，上海：漢語大詞典出版社，二〇〇一年。
趙國璋、潘樹廣主編《文獻學大辭典》，揚州：廣陵書社，二〇〇五年。
陳其泰著《二十世紀中國歷史考證學研究》，北京：北京師範大學出版社，二〇〇五年。
馬寶珠著《二十世紀中國史學名著提要》，北京：北京師範大學出版社，二〇〇七年。
王明德等著《近代中國的學術傳承》，成都：巴蜀書社，二〇一〇年。
胡楚生著《烽火下的學術論著——抗戰時期十種文史著作探微》，台北：台灣學生書局，二〇一五年。
周勇著《大師的教學生活》，上海：華東師範大學出版社，二〇〇八年。
《何茲全文集》第六卷（愛國一書生．雜著），北京：中華書局，二〇〇六年。
張元著《自學歷史：名家論述導讀》，台北：三民書局，二〇一五年。

莊永明總策劃《學術台灣人》，台北：遠流出版事業股份有限公司，二〇〇二年。
周佳榮、丁潔著《天下名士有部落——常州人物與文化群體》，香港：三聯書店、香港浸會大學當代中國研究所，二〇一三年。
張豈之主編《中國近代史學學術史》，北京：中國社會科學出版社，一九九六年。
張耕華編《呂思勉學術文集》，上海：上海人民出版社，二〇一一年。
王家范著《史家與史學》，桂林：廣西師範大學出版社，二〇〇七年。
侯宏堂著《「新宋學」之建構——從陳寅恪、錢穆到余英時》，合肥：安徽教育出版社，二〇〇九年。
尚小時著《北大史學系早期發展史研究（一八九九——一九三七）》，北京：北京大學出版社，二〇一〇年。
陳致訪談《余英時訪談錄》，香港：中華書局，二〇一二年。
楊揚、陳引馳、傅傑選編《大師自述》，香港：三聯書店，二〇〇〇年。
陳祖武著《中國學案史》，上海：東方出版中心，二〇〇八年。
周佳榮、劉詠聰主編《當代香港史學研究》，香港：三聯書店，一九九四年。

張書學著《中國現代史學思潮研究》，長沙：湖南教育出版社，一九九八年。
胡逢祥、張文建著《中國近代史學思潮洪流派》，上海：華東師範大學出版社，一九九一年。
《舊鄉與新路——新亞諸師論中國文化》，香港：香港中文大學新亞書院，二〇〇二年。
王學典著《二十世紀中國史學評論》，濟南：山東人民出版社，二〇〇二年。
鮑紹霖、黃兆強、區志堅主編《北學南移——港台文史哲溯源》文化卷、學人卷一及二，台北：秀威資訊科技股份有限公司，二〇一五年。
白壽彝著《學步集》，北京：三聯書店，一九六二年。
顧頡剛著《當代中國史學》，香港：龍門書店，一九六四年。
謝保成著《增訂中國史學史．晚清至民國》，北京：商務印書館，二〇一六年。
任士英主編《學苑春秋：二十世紀國學大師檔案》，鄭州：河南人民出版社，二〇〇六年。
許剛著《張舜徽的漢代學術研究》，武漢：華中師範大學出版社，二〇〇九年。

論文及單篇文章

牟潤孫〈錢賓四先生《學籥》〉，《新亞生活雙周刊》第一卷第一〇期（香港：新亞書院，一九五八年）。
孫國棟講、盧美蓮記錄〈新亞簡史和新亞精神〉，《新亞生活雙周刊》（一九七二年一二月）。
何佑森〈錢賓四先生的學術〉，項維新、劉福增主編《中國哲學思想論集》第八冊（台北：牧童出版社，一九七八年）。
羅義俊〈錢穆傳略〉，《中國現代社會科學家傳略》第十輯（山西人民出版社，一九八七年）。
李木妙〈國史大師錢穆教授生平及其著述〉，《新亞學報》第十七卷（香港：新亞研究所，一九九四年）。
周佳榮〈從梁啟超到錢穆：兩代國學大師的治史規模〉，《香港中國近代史學報》第二期（香港：香港中國近代史學會，二〇〇四年）。
郭齊勇〈對歷史的敬意——錢穆的《國史大綱》〉，馬寶珠主編《二十世紀中國史學名著提要》（北京：北京師範大學出版社，二〇〇七年）。

林啟彥〈錢穆的考信史學——以錢氏早年的孔子研究為例〉，李金強主編《世變中的史學》（桂林：廣西師範大學出版社，二〇一〇年）。
何茲全〈錢穆先生的史學思想——讀《國史大綱》、《中國文化史導論》札記〉，氏著、寧欣編《師道師說：何茲全卷》（北京：東方出版社，二〇一三年）。
李學銘〈現代國學界的通儒錢賓四先生〉，香港中文大學歷史系編《貫古通今、融東會西：扎根史學五十年》（香港：三聯書店，二〇一六年）。

錢穆史學導論

兩岸三地傳承

責任編輯：吳黎純
版式設計：樊 莉
封面設計：霍明志
排 版：沈崇熙
印 務：林佳年

著者 周佳榮

出版 中華書局（香港）有限公司
香港北角英皇道 499 號北角工業大廈一樓 B
電話：(852) 2137 2338 傳真：(852) 2713 8202
電子郵件：info@chunghwabook.com.hk
網址：http://www.chunghwabook.com.hk

發行 香港聯合書刊物流有限公司
香港新界大埔汀麗路 36 號
中華商務印刷大廈 3 字樓
電話：(852) 2150 2100 傳真：(852) 2407 3062
電子郵件：info@suplogistics.com.hk

印刷 美雅印刷製本有限公司
香港觀塘榮業街 6 號 海濱工業大廈 4 樓 A 室

版次 2017 年 7 月初版

規格 16 開（223mm×144mm）

ISBN 978-988-8488-07-0